# FILOSOFÍA POLÍTICA

Procedimiento de selección de originales, ver página web:

www.tirant.net/index.php/editorial/procedimiento-de-seleccion-de-originales

## ***ACCESO GRATIS** a la Lectura en la Nube*

Para visualizar el libro electrónico en la nube de lecture envíe junto a su nombre y apellidos una fotografía del código de barras situado en la contraportada del libro y otra del ticket de compra a la dirección:

**ebooktirant@tirant.com**

En un máximo de 72 horas laborales le enviaremos el código de acceso con sus instrucciones.

# FILOSOFÍA POLÍTICA

**Jorge Robles Vázquez**
(Coordinador y autor)

**Yvonne Georgina Tovar Silva**
**Diana Piñón Jiménez**
(Autoras)

Ciudad de México, 2024

La presente obra ha sido dictaminada y aprobada para su publicación, de acuerdo con el sistema de revisión por pares doble ciego, por el Comité Editorial de la Facultad de Derecho de la Universidad Nacional Autónoma de México. La misma pertenece al Plan de Estudios de Maestría en Derecho.

Cuidado de la edición: Jesús de la Fuente Rodríguez

*Filosofía Política*

Primera edición: 2024



© EDITA: FACULTAD DE DERECHO - UNIVERSIDAD NACIONAL AUTÓNOMA DE MÉXICO
Ciudad Universitaria, Coyoacán, 04510, Ciudad de México.
coordinacioneditorial@derecho.unam.mx

© IMPRIME Y DISTRIBUYE: TIRANT LO BLANCH MÉXICO
Río Tíber 66, Piso 4, Colonia Cuauhtémoc, Alcaldía Cuauhtémoc, CP 06500, Ciudad de México. Tel.: (55) 65502317 - infomex@tirant.com - www.tirant.com/mex/ - www.tirant.es



En caso de erratas, la Editorial Tirant lo Blanch México publicará la pertinente corrección en la página web www.tirant.com/mex/

ISBN (UNAM): 978-607-30-9465-8
ISBN: 978-84-1056-126-7

EDICIÓN: Coordinación Editorial de la Facultad de Derecho
MAQUETA: Tink Factoría de Color

Si desea recibir información periódica sobre las novedades editoriales de la Facultad de Derecho envíe un correo electrónico a: *coordinacioneditorial@derecho.unam.mx*

Si tiene alguna queja o sugerencia, envíenos un mail a: *atencioncliente@tirant.com*.
En caso de no ser atendida su sugerencia, por favor, lea en *www.tirant.net/index.php/empresa/politicas-de-empresa* nuestro procedimiento de quejas.

Responsabilidad Social Corporativa: http://www.tirant.net/Docs/RSCTirant.pdf

## COMITÉ ASESOR DE LA FACULTAD DE DERECHO

# Índice

# Prólogo

La Universidad Nacional Autónoma de México, a más de cien años de su fundación, se ha establecido como bastión inequívoco de los valores fundamentales de nuestra sociedad, semillero de académicas y académicos comprometidos con la docencia, quienes han contribuido desde la cátedra a la investigación, la pluralidad, la innovación y la difusión de la cultura, lo que le ha valido estar entre las mejores universidades del país y de Iberoamérica.

La Facultad de Derecho, en concordancia con esta visión y clara en su objetivo de ser una institución siempre a la vanguardia, ha contribuido de manera importante con la Universidad de la Nación, a la generación de investigaciones de alta especialidad realizadas por su Claustro Académico, con el fin de incidir en la práctica jurídica, apoyar a ampliar la cultura de la legalidad, así como ser pilar en la formación de profesionistas capaces y comprometidos con México.

La suma de esfuerzos de nuestras profesoras y profesores de nuestra Facultad ha fructificado en esta obra Filosofía política, la cual ha sido escrita por mis colegas, la Dra. Diana Piñón Jiménez, la Dra. Yvonne Georgina Tovar Silva y el Dr. Jorge Robles Vázquez (coordinador), quienes han desarrollado en estas páginas el temario oficial de la asignatura de Filosofía Política que se imparte en la División de Estudios de Posgrado de nuestra Facultad, misma que me honro en prologar.

La Dra. Diana Piñón Jiménez es egresada de la División de Estudios de Posgrado de la Facultad de Derecho e integrante de nuestro Claustro, en el que imparte las asignaturas: Teoría Política e Historia del Derecho Mexicano en la licenciatura, y Filosofía Política en el Posgrado; fue asesora parlamentaria en el Senado de la República y asesora política en la Fiscalía Especializada en Delitos Electorales; actualmente se desempeña como servidora pública en la Unidad de Inteligencia Financiera. Es autora de la obra *Pluralismo en la cultura, el origen del desarrollo constitucional* y en coautoría con el Dr. Santiago Nieto Castillo, "Proceso electoral 2014-2015 y la Reforma electoral de 2014" en *Democracia política electoral, balance y desafíos*.

La Dra. Yvonne Georgina Tovar Silva es doctora, maestra y licenciada en Derecho por la Facultad de Derecho de la UNAM, tiene un máster en derecho internacional por las universidades de Chile y Heidelberg y un posdoctorado en gobernanza pública por la Universidad de Salamanca, España. Es profesora de la Facultad de Derecho, UNAM. Se ha desempeñado como asesora en derecho energético en los sectores público y privado. Es coautora de *Teoría jurídica crítica norteamericana. Una introducción a los Critical Legal Studies.*

El Dr. Jorge Robles Vázquez es doctor, maestro y licenciado en Derecho por la Facultad de Derecho de la UNAM, realizó una estancia postdoctoral en el Centro de Investigaciones Interdisciplinarias en Ciencias y Humanidades de la misma institución. Es profesor de Asignatura Definitivo de las cátedras de Filosofía del Derecho y Derechos Humanos, tutor del Programa de Doctorado en la División de Estudios de Posgrado de la Facultad de Derecho y profesor de Carrera Titular A de Tiempo Completo Definitivo en el Colegio de Ciencias y Humanidades de la UNAM, Plantel Sur.

El capítulo primero, realizado por la Dra. Yvonne Georgina Tovar Silva, nos ofrece una breve referencia a la evolución histórica del Estado Moderno, su surgimiento en el Renacimiento, donde se planteó la necesidad de reconsiderar la estructura política y el ejercicio del poder de la monarquía absoluta; la necesidad de destacar el papel del racionalismo y del individuo en la transformación del orden político; la presión por parte de la burguesía al aparato del poder público; los privilegios de la nobleza y de la Iglesia; la servidumbre y el sistema impositivo, con la finalidad de abrir espacios al pensamiento liberal y a los valores de libertad, de igualdad formal, de derechos naturales, la necesidad del consentimiento, la participación del individuo, el pacto social y la legitimación del poder y del Estado. En el marco del Estado Moderno, se buscó impulsar instrumentos como el *Bill of Rights* inglés de 1689, la Declaración de Derechos de Virginia de 12 de junio de 1776, así como la Declaración de los Derechos del Hombre y del Ciudadano de 26 de agosto de 1789, que fueron interesantes referentes para exigir la protección del individuo frente al Estado. En el contexto de estas transformaciones políticas, adquieren relevancia las ideas del derecho natural de la Ilustración acuñado en España, Holanda, Alemania e Italia, así como las ideas liberales inglesas y francesas que pretendieron encauzar la organización del Estado al igual que establecer los límites de la actuación estatal y la necesidad de respetar los derechos de los individuos.

Lo anterior es significativo para contextualizar la relevancia del Estado constitucional y de derecho que aspira a un compromiso entre la necesidad de un poder estatal homogéneo, capaz de garantizar la paz del derecho y la importancia de asegurar el mayor grado posible de libertad individual, de impedir el abuso del poder estatal y de imponer límites a su expansión, para lo cual se habría de procurar una determinada distribución de funciones y con reglas de juego debidamente garantizadas. Las generalidades del Estado Moderno a su vez permiten explorar las relaciones entre el Estado y el derecho, Estado e individuo, Estado y sociedad civil, así como los límites entre lo público y lo privado.

El capítulo segundo, elaborado por la Dra. Diana Piñón Jiménez señala que la filosofía política permite cuestionar, reflexionar y generar conocimiento sobre la esencia de lo político, con el objeto de encontrar cuál es el mejor régimen político u orden social[1] para una determinada sociedad. La filosofía política se ha apoyado en seis principales conceptos que se relacionan fuertemente, democracia, legalidad y soberanía se vinculan con los conceptos de representación, legitimidad y ciudadanía de diversas formas para perfilarse mutuamente. Cabe apuntar que es fundamental poner atención al desarrollo del concepto democracia, ya que, incluso con contrariedades, es sin duda el eje neurálgico de la filosofía política. Al analizar concretamente los elementos fundamentales de cada concepto citado en términos claros y explícitos, se observa de qué forma van surgiendo e interactúan entre sí, e incluso con otros grandes temas como la libertad, la dignidad humana, la cultura, el gobierno, la paz, el derecho, la justicia, y de esa forma dar paso a reflexionar sobre el mejor y más justo orden social, que constituye la exigencia de fondo.

En esta unidad se presentan algunas de las ideas más relevantes del pensamiento de: Sócrates, Aristóteles, Platón, Marsilio de Padua, Maquiavelo, San Agustín, Francisco Suárez, Hobbes, Locke, Montesquieu, Rousseau, Hamilton, Madison, Jay, Tocqueville, Stuart Mill, Schumpeter, Weber, Popper, Kant, Ferrajoli, Häberle,

---

[1] *Cfr. STRAUSS, Leo, ¿Qué es filosofía política?*, Madrid, Guadarrama, 1970, pp. 12 y 14.

Bilbeny, Ignatieff, Runciman, Wolf, Bobbio, Burdeau, Gargarella, Morin, Habermas, Rancière, Amartya Sen, Wright, Ambrosio, Isaiah Berlin, Loewenstein, Hayek, Luhmann, Capella, Bodin, Dussel, Arendt, Rand, Foucault, Kymlicka, Norman, Sandel, Mouffe, Morin, Gutmann, entre otros.

El capítulo tercero, escrito por el Dr. Jorge Robles Vázquez, justifica las transformaciones del Estado contemporáneo a partir de las variables económica, social y política desde una visión interdisciplinaria. El Estado en nuestros días se encuentra en constante transformación frente a los nuevos retos históricos-sociales de finales del siglo XX y principios del XXI, por ende, la reflexión filosófica hace necesario replantear las grandes categorías tradicionales del estudio del Estado y del Derecho.

Felicitaciones a los autores por tan importante obra de investigación, misma que permitirá que estudiosos de la Ciencia Jurídica tengan un acercamiento a la *filosofía política*, provocando la inquietud por indagar y averiguar la *verdad*; esperando incentivar el amor, la divulgación y la socialización del conocimiento, de tal suerte que se logre formar conciencia crítica a nivel individual y colectivo; con el propósito de alcanzar sociedades más justas, igualitarias, equitativas y democráticas.

Esta obra será una guía para aquellos que se inicien en la búsqueda de la política y su esencia, al ofrecer una compilación de conceptos, autores y reflexiones, cuyo objetivo es sembrar el entusiasmo para emprender el camino hacia el conocimiento jurídico y filosófico. Mi más grande reconocimiento a cada uno de los autores, ya que, con su experiencia, saber y amor a la docencia enaltecen a nuestra Facultad y por ende a nuestra Universidad.

DR. RAÚL CONTRERAS BUSTAMANTE

# I. Estado moderno

Yvonne Georgina Tovar Silva[1]

## *Introducción*

En el presente apartado se explorará una breve referencia a la evolución histórica del Estado Moderno, con la finalidad de que el alumnado perciba la trascendencia del surgimiento de este tipo de Estado en el terreno político, económico y social. Asimismo, se realizarán algunas anotaciones en torno a la sociedad civil, el individuo y el derecho con la que permitirán brindar elementos para comprender el papel que adquiere el Estado. Dichos aspectos son importantes puntos de partida para analizar el trasfondo de la Filosofía Política e identificar líneas de investigación tendientes a profundizar sobre la importancia del Estado, sobre la humanidad, la trascendencia del derecho y las categorías de análisis presentes en el terreno político.

En este marco, la primera parte explorará el surgimiento del Estado moderno desde una perspectiva histórica, que permitirá identificar brevemente la problemática presente en el Estado absolutista y la transformación hacia el Estado moderno. La segunda parte de la exposición se abocará a mencionar los alcances del Estado frente a la sociedad civil, el derecho, el individuo, así como las nociones de lo público y privado, como un preámbulo para explorar los temas de Estado y Gobierno, así como las transformaciones del Estado contemporáneo, materia de análisis de la Filosofía Política. La exposición en comento pretende generar líneas de investigación en torno a los ejes del Estado moderno, su consolidación, los retos

---

[1] Doctora, Maestra y Licenciada en Derecho por la Facultad de Derecho de la Universidad Nacional Autónoma de México. Magíster en Derecho Internacional: Comercio, Inversiones y Arbitraje, por las Universidades de Chile y Heidelberg. Realizó un Posdoctorado en Nuevos Retos de la Gobernanza Pública por la Universidad de Salamanca, España. Profesora de la Facultad de Derecho de la Universidad Nacional Autónoma de México.

actuales, el sistema de ideas que ha sustentado la existencia del Estado, así como la trascendencia del derecho y los derechos humanos para el Estado.

## *I.1. El surgimiento del Estado Moderno*

El surgimiento del Estado moderno requiere contextualizar diversos factores como la situación política, económica y social presente en el siglo XVI, así como las contribuciones de Nicolás Maquiavelo que fueron significativas para vislumbrar un nuevo horizonte en el terreno político de aquella época. En el proceso de consolidación del Estado moderno occidental, las ideas de la Ilustración desempeñaron un papel relevante para establecer el rumbo de la política en el Estado moderno, en tanto que el Liberalismo resultaría significativo para impulsar la actividad económica y establecer las bases para los derechos humanos. Desde esta perspectiva, la historia, las ideas de Maquiavelo y el Liberalismo son los puntos de partida relevantes para apreciar los orígenes del Estado Moderno en Occidente.

En este marco, es posible referir a lo que Díaz Revorio afirma en el sentido de que cabría distinguir entre la manera en que ampliamente se ha empleado el término Estado

> [...] para referirse a cualquier forma de organización política conocida históricamente, [dentro de lo cual] se habla de "Estado helenístico", "Estado romano" o incluso "Estado feudal" [...] [y la referencia que en estricto sentido aparece para referirse a una forma] concreta e histórica de organización política de la población sobre un territorio, que surge en la Edad Moderna en Europa y se extiende y desarrolla posteriormente.[2]

En la perspectiva de Jean Dabin, "[...] el Estado moderno del tipo clásico, parlamentario, es una construcción complicada, inge-

---

2 Díaz Revorio, Francisco Javier, *Fundamentos actuales para una teoría de la Constitución*, Querétaro, México, Instituto de Estudios Constitucionales del Estado de Querétaro, 2018, p. 145.

niosamente equilibrada, cuya paternidad puede reivindicar la razón prudencial del hombre, ayudada por la experiencia".[3]

Con lo anterior, es posible observar que el Estado moderno se distingue de otras formas de organización política de carácter histórico, lo cual involucró diversos procesos de cambio en los ámbitos político, social y económico, así como el desarrollo de ideas en torno a la razón y el papel del individuo en la sociedad.

Bajo este eje es posible ubicar la consolidación de los Estados Modernos en el siglo XVI, en un periodo de fragmentación. En efecto,

> [...] en la Edad Media el poder público se encontraba desmembrado [...] y centrado en individuos que controlaban los asuntos militares, judiciales y económicos, [que normalmente se ubicaban en reinos que] se subdividían en condados o feudos, [integrado por] nobles que juraban lealtad al rey, caballeros, duques, condes y en la base de la sociedad se encontraban los campesinos cultivaban un trozo de tierra propiedad del señor o el noble, [quien era] la fuente de sustento y de protección militar.[4]

Es el aumento del poder de los reyes en los siglos XVI y XVIII lo que abrió las bases del Estado Moderno, lo cual se explica por los cambios en la tecnología y en la organización militar, la creación de un orden monetario y jurídico para el intercambio de mercancías que facilitó la expansión capitalista, lo cual gradualmente dio forma al Estado moderno para integrarse por un sistema de poder centralizado, encabezado por un monarca, basado en un conjunto de organizaciones administrativas, policiales y militares y sancionado por un orden jurídico, que incluso habría de ser de utilidad frente a la conquista y competición con otros Estados.[5]

---

[3] DABIN, Jean, *Doctrina general del Estado. Elementos de filosofía política*, trad. de Héctor González Uribe y Jesús Toral Moreno, México, UNAM, Instituto de Investigaciones Jurídica, 2018, p. 87.

[4] SØRENSEN, Georg, *La transformación del Estado. Mas allá del mito del repliegue,* trad. de Ramón Cotarello, México, Tirant lo Blanch, 2011, p. 29.

[5] *Ibidem*, pp. 29-30.

Para Michael Stolleis,

> [...] el surgimiento del Estado moderno tiene como punto de partida la monarquía absoluta, como forma de gobierno que domina en Europa, en donde el monarca estaba autorizado para dar órdenes, aprobar leyes, gobernar, declarar la guerra y hacer la paz, acuñar moneda, nombrar funcionarios y ejercer atribuciones reunidas bajo el título de la soberanía, con las limitantes que en general apuntaban a no atentar contra la religión cristiana, respetar los principios reconocidos del Derecho natural y estar sometido a las leyes fundamentales del Estado.[6]

Adicionalmente, dentro del Estado moderno se buscará "[...] dar una visión a la identidad nacional para así terminar con instancias locales, lo cual conllevará la exaltación de los caracteres nacionales, la lengua y cultura nacional".[7] Con lo anterior, el naciente Estado adquiere "perfiles específicos que le permiten distinguirse de otras formas de organización política", ya que junto con la población, el poder y el territorio, adquiere relevancia "el principio de igualdad, de modo que el Estado sería la expresión de un principio de igualdad geográficamente limitada", así como la idea de unidad en el Estado en cada uno de los elementos referidos, "frente a la multiplicidad y dispersión de poderes del feudalismo y como un poder autónomo, separado del poder religioso de la Iglesia y de la moral".[8]

Con los cambios propios de las corporaciones medievales, en el horizonte cultural del Renacimiento se planteó la necesidad de reconsiderar la estructura política y el ejercicio del poder. Precisamente, el Renacimiento como un movimiento cultural y de liberación que se produjo entre 1450 y 1600 en Europa, bajo el anhelo de retornar a la antigüedad clásica, conllevó una reacción contra

---

6 Stolleis, Michael, "La idea de Estado de derecho", en Javier Espinoza de los Monteros, coord., trad. de Ignacio Gutiérrez y Gutiérrez, *Las dimensiones del Estado Constitucional*, México, Centro di Studi sul Rischio, Derecho Global Editores, 2018, pp. 102-103.

7 Fuentes López, Carlos, *El racionalismo jurídico*, México, UNAM, Instituto de Investigaciones Jurídicas, 2003, p. 78.

8 Díaz Revorio, Francisco Javier, *Fundamentos actuales para una teoría de la Constitución*, *op. cit.*, pp. 146-147.

las autoridades tradicionales de la Edad Media, esto es, la Iglesia y el emperador del Sacro Imperio Romano Germánico que puso punto final al feudalismo en los albores de la creación de varios Estado nacionales en Europa, que daría lugar a la Edad Moderna. Moderna.[9]

A consideración de Carlos Antonio Wolkmer,

> [...] el movimiento cultural y humanismo del Renacimiento [representó la] celebración de lo humano como fuerza autónoma y racional, desvinculada de todas las restricciones trascendentales que inviabilizaban la creatividad del pensamiento y la libertad de la práctica objetiva, [lo que implicó romper] con la concepción medieval, teológico-natural [y sustituirla por una] fuerza de secularización e innovación, capaz de influenciar la vida social y cultural de la época, [lo cual, incluso conllevó que] la política y la economía se distanciaran del control de la ética y de la teología tradicionales.[10]

Junto con el Renacimiento, la Reforma protestante y las ideas del Humanismo fueron significativas para impulsar cambios en el pensamiento político y moderno, al proclamar el desafío a la autoridad, los valores que enaltecen al individuo, su voluntad, capacidad y libertad de acción, lo cual apuntaba a la posibilidad de participación del hombre y el ejercicio de la crítica dirigida para las mudanzas de la vida social y política.[11]

Es en este horizonte cultural en donde adquieren relevancia las ideas de Nicolás Maquiavelo, en su obra *El Príncipe*, en donde la noción de Estado, lo cual se aprecia de manera contundente dentro del primer párrafo de la obra que por su importancia se cita a continuación:

> Los estados y soberanía que han tenido y tienen autoridad sobre los hombres, fueron y son, o repúblicas o principados. Los

---

[9] Margadant, Guillermo F., *Panorama de la historia universal del derecho*, 2a. ed., 5a. reimp., México, Porrúa, 2000. pp. 205-206.

[10] Wolkmer, Antonio Carlos, *Historia de las ideas jurídicas. De la antigüedad clásica a la modernidad. Síntesis*, trad. de Alejandro Rosillo Martínez, México, Porrúa, 2008, pp. 61-62.

[11] *Ibidem*, pp. 62-66.

> principados son, o hereditarios con larga dinastía de príncipes o nuevos; éstos o completamente nuevos, cual lo fue Milán para Francisco Sforza, o miembros reunidos al estado hereditario del príncipe que los adquiere, como el reino de Nápoles respecto al rey de España. Los estados así adquiridos o los gobernaba antes un príncipe, o gozaban de libertad; y se adquieren, o con ajenas armas, o con las propias, por caso afortunado o por valor y genio.[12]

La lectura de la obra de Maquiavelo además permite apreciar el gobierno de las ciudades o reinos,[13] las posibilidades de llegar al poder, bien por medio de alguna maldad o por el apoyo de sus conciudadanos,[14] las obligaciones de un príncipe respecto a la milicia,[15] consejos dirigidos a los gobernantes,[16] las cualidades que debe reunir un príncipe,[17] y las consideraciones a tener con los colaboradores del príncipe,[18] entre otros temas, que habrían de marcar una diferencia respecto de la manera en que durante la Edad Media se ejercía el poder. En la exposición de temas, además es posible vislumbrar tópicos como poder, soberanía y libertad que habrían de ser claves en el desarrollo del Estado moderno en occidente.

Aquí resultaría conveniente retomar lo que Fuentes López apuntaba respecto a la radical oposición de Maquiavelo a la visión cristiana e incluso la vinculación de la política con la ética de Platón, lo que llevó al autor en comento a analizar la naturaleza humana, como un organismo inmerso en un mecanismo racional que habría de incidir en el ejercicio del poder.[19] Así, la razón desempeñaba un papel importante en la conducción de los asuntos del gobernante, lo que permitía apuntar a concebir una forma de actuación sobre el gobierno y que habría de ser un parámetro significativo para el mundo occidental en la concepción de la organización político-

---

[12] MAQUIAVELO, Nicolás, *Obras Políticas*, La Habana, Editorial de Ciencias Sociales, Instituto Cubano del Libro, 1971, p. 305.

[13] *Ibidem*, pp. 312-313.

[14] *Ibidem*, pp.320-324.

[15] *Ibidem*, pp. 333-334.

[16] *Ibidem*, pp. 336-339.

[17] *Ibidem*, pp. 341-349.

[18] *Ibidem*, pp. 352-354.

[19] FUENTES LÓPEZ, Carlos, *El racionalismo jurídico*, *op. cit.*, p. 72.

social y en la formación de nuevos estadistas. Sobre el particular, resulta interesante apreciar los comentarios atribuidos a Napoleón Bonaparte a la obra de Maquiavelo, quien afirmaba lo siguiente:

> Las máximas, en resumidas cuentas, que más se condenan en el *Libro del Príncipe*, se hallan esparcidas en los escritos de Tácito, Plutarco, Salustio, etc. Si ellas en estos son menos palpables, y quizá menos ofensivas a la filosofía, es porque ninguno de estos autores llevó la mira principal de formar estadistas. Maquiavelo es el primero que haya tratado expresa y especialmente sobre el arte de gobernar a los hombres tales como ellos son, con particularidad a continuación de las grandes conmociones de la de la sociedad.[20]

Lo anterior, permite apreciar el gran legado de Nicolás Maquiavelo en torno a la formación de gobernantes, y que habrían de marcar el Estado moderno, bajo un eje que para la época resultó significativo, al retomar esa visión particular de las estrategias políticas y la toma de decisiones, que a su vez han sido un tema importante de la reflexión de la filosofía política. Incluso, para Antonio Hermosa Andújar, la obra de Maquiavelo exhibió secretos del poder que aún en nuestros días resultan reveladores, proveyó de la idea de que ninguna sociedad subsiste sin poder organizado, la *virtú* del príncipe, así como a pensar el orden político, mediante el conflicto y no necesariamente frente a la armonía.[21]

Juto con este mundo de ideas, en el terreno social, se estableció una relación distinta entre "el Estado y pueblo", ya que con la concentración del poder y la autoridad en el rey y su gobierno, "los campesinos se convirtieron en súbditos directos del monarca" (y no frente a gobernantes feudales locales, ejércitos privados o autoridades religiosas), lo cual generó lo que se consideró como "El pueblo", esto es, "un grupo muy numeroso de individuos dentro

---

[20] Fernández y Castrejón, eds., *Maquiavelo. Comentado por Napoleón I (Bonaparte). Manuscrito hallado en el coche de Bonaparte, después de la batalla del Monte San-Juan, el 18 de junio de 1815*, México, Tipografía Popular, 1905, pp. 38-39.

[21] Hermosa Andújar, Antonio, *Individuo y política en el Príncipe de Maquiavelo. Naturaleza, formas y sujetos del poder*, Querétaro, México, Instituto de Estudios Constitucionales del Estado de Querétaro, 2017, pp. 32-33.

de un territorio limitado y sujeto a una autoridad suprema", con esto surgió una idea "de apoyo mutuo y la obligación compartida de defender y sostener el Estado", de manera que frente a "las obligaciones de tributación o servicio militar", gradualmente se generarían las ideas de la protección a través de los derechos de los individuos.[22]

En este marco, en los siglos XVI y XVIII la burguesía adquiere un papel importante, como un nuevo segmento social distinto del clero y la nobleza, quienes iniciarían un emprendimiento individualista y competitivo, que habría de ser significativo para la implementación de la productividad económica de libre mercado, la sistematización del comercio por medio del intercambio monetario y por la fuerza del trabajo asalariado, y que, precisamente en su carácter de poseedora del capital habría de suplantar a la nobleza y adquirir el poder gracias a la fuerza de su prestigio y riqueza acumulada.[23] "Dicho grupo en principio presionó para que el aparato del poder se distanciara de la sociedad, de manera tal que les permitiera desarrollar el comercio y la actividad empresarial con la máxima libertad, con la respectiva protección de la propiedad y la seguridad jurídica".[24] Así, desde la burguesía se cuestionaron los privilegios de la nobleza y de la Iglesia, de la servidumbre y del sistema impositivo, a la vez que exigieron la participación política en nombre de la Nación, aspecto que apuntaba a una serie de reformas fundamentales al derecho y a la justicia, de manera que la justicia sometida a la ley, concebida a su vez como voluntad de la nación, debía respetar los más elementales derechos de libertad.[25]

El protagonismo de la burguesía se vio favorecido por diversos rasgos de la modernidad, como el individualismo, el naturalismo, antropocentrismo, y la secularización, que erosionaban los valores del absolutismo, lo cual en conjunto permitió abrir espacios al pensamiento liberal y a los valores de libertad, de igualdad formal,

---

[22] Sørensen, Georg, *La transformación del Estado*, *op. cit.*, p. 31.

[23] Wolkmer, Antonio Carlos, *Historia de las ideas jurídicas*, *op. cit.*, pp. 56-57

[24] Stolleis, Michael, "La idea de Estado de derecho", *op. cit.*, pp. 104-105.

[25] *Ibidem*, p. 110.

derechos naturales, necesidad del consentimiento, participación del individuo, pacto social y la legitimación del poder y del Estado.[26]

Así, dentro de la formación del Estado moderno un factor de carácter social representado por la burguesía que pugnaba por generar cambios en la toma de decisiones, impulsar la libertad de comercio, protección a la propiedad y seguridad jurídica como presupuesto para el Estado. Las exigencias que grupos como la burguesía impulsaron frente al poder político se condensaron en los derechos del individuo tendientes a defenderse de las restricciones y opresiones de la autoridad.

Un instrumento precursor de los derechos de los individuos y de la limitación del poder, se puede apreciar en la Carta Magna de 1215, que a consideración de Tom Bingham, dicho instrumento no fue tanto una respuesta inmediata a la opresión y exacciones de un rey tiránico, sino que en gran parte se basó en "la carta de libertades y en los juramentos de los reyes previos a la coronación de Enrique I", aunado a que se entendía como un instrumento que expresaba la voluntad del pueblo, con "un claro rechazo al poder real descontrolado y exento de responsabilidad, al tiempo que afirmaba que hasta el poder supremo requeriría estar sujeto a ciertas reglas imperativas".[27]

Situación distinta se aprecia en el siglo XVII, cuando adquiere particular relevancia el llamado *Bill of Rights* inglés de 1689, que supuso un hito en el desarrollo de la idea del Estado de derecho europeo, al asegurar los derechos del Parlamento frente a intromisiones incontroladas del Rey en la legislación en la impartición de justicia y en garantizar los derechos del individuo; la *Declaration of Rights* de Virginia del 12 de junio de 1776, que apuntaba a considerar los derechos del individuo preestatales, que le permiten disfrutar de su vida y su libertad, así como protección de la propiedad, entre otros aspectos, y la *Déclaration des droits de l'homme et du citoyen*, del 26 de agosto de 1789, promulgada el 3 de noviembre de 1789, que contenía derechos fundamentales en el ámbito

[26] Peces-Barba Martínez, Gregorio, *Diez lecciones sobre ética, poder y derecho*, Madrid, Dykinson, 2008, pp. 73-74.

[27] Binham, Tom, *El estado de derecho*, trad. de Eduardo Medina Mora y Marco Tulio Martínez Cosío, México, Tirant lo Blanch, 2018, pp. 39-44.

judicial y penal, la presunción de inocencia para los acusados, la separación de poderes, entre otros aspectos.[28]

En este punto, resulta interesante retomar el pensamiento de Thomas Paine en torno a lo acontecido en Norteamérica y Francia, que dicho autor consideró "como una renovación del orden natural de las cosas, un sistema de principios tan universal como la verdad y la existencia del hombre, que combina la felicidad moral y política con la prosperidad nacional".[29] Bajo este orden de ideas, el autor en comento destaca tres principios fundamentales, que a su consideración están calculados para atraer la sabiduría y las capacidades y ejercitarlos para el bien público, a saber:

> 1. Los hombres nacen y permanecen libres e iguales en derechos, y en donde las distinciones sociales no pueden fundamentarse más que sobre la utilidad común;
>
> 2. El fin de toda asociación política es la conservación de los derechos naturales e imprescriptibles del hombre, los cuales son la libertad, la propiedad, la seguridad y la resistencia a la opresión, y;
>
> 3. El principio de toda la soberanía reside esencialmente en la nación, por lo que ningún cuerpo ni individuo puede ejercer ninguna autoridad que no emane expresamente de ella.[30]

Si bien los instrumentos protectores en materia de derechos del hombre que se gestaron en el marco del Estado moderno fueron de particular importancia para proteger la vida, libertad, seguridad jurídica, propiedad e igualdad de los individuos, y así evitar abusos del poder, aún en esa época quedaron muchos puntos pendientes de salvaguardar y que en su momento se externaron y que incluso, hoy en día todavía representan algunos de los grandes pendientes de la humanidad. Ejemplo de lo anterior, se aprecia con los derechos de las mujeres que ya la propia Olympe de Gouges en el marco del periodo revolucionario francés, apuntaba a la necesidad de recono-

---

[28] Stolleis, Michael, "La idea de Estado de derecho", *op. cit.*, pp. 106-109.

[29] Paine, Thomas, *Los derechos del hombre*, 3a. ed., trad. de José Antonio Fernández de Castro y Tomás Muñóz Molina, México, Fondo de Cultura Económica, 2017, p. 158.

[30] *Idem.*

cer los derechos de las mujeres como madres, esposas o hijas y su importancia dentro de la sociedad y en el entorno político.[31]

Dicho tema, igualmente, sería retomado por la destacada escritora Mary Wollstonecraft quien de la misma manera pugnaría por la vindicación de los derechos de las mujeres, y la crítica que se había formulado ante el oprobio que sufrían ellas.[32] Las obras de las referidas autoras, apuntan a la necesidad de explorar que, si bien dentro del Estado moderno se dieron significativos avances para la protección de los individuos frente abusos de la autoridad, aún se encontraban pendientes diversos aspectos invisibilizados por algunos, como la situación de las mujeres; un tema que, aún en la actualidad, requiere un profundo análisis para determinar hasta qué punto el Estado cumple con su función de extender la protección de los derechos para la totalidad de las personas y no solamente para algunos.

La intención de generar cambios por parte de la burguesía, los documentos políticos que pretendían establecer límites al ejercicio del poder y protección de los derechos de los individuos, así como las transformaciones políticas del Estado absolutista requieren considerar por una parte, las ideas del derecho natural de la Ilustración acuñado en España, Holanda, Alemania e Italia y de los pensadores Francisco Suárez, Francisco de Vitoria, Hugo Grotius, Baruch Spinoza, Samuel Pufendorf, Christian Thomasius, Christian Wolff, Gaetano Filangieri, Pietro Verri y Cesare Beccaria, por ejemplo; a lo cual se sumaría la trascendencia de las ideas liberales, en donde adquieren relevancia los intelectuales de Inglaterra, como Thomas Hobbes, John Locke, David Hume, y de Francia, como Charles de Montesquieu, Voltaire, Jean-Jacques Rousseau, Denis Diderot y Emanuel-Joseph Sieyés.[33]

---

[31] Gouges, Olympe de, "Declaración de los derechos de la Mujer y de la Ciudadana", en *Revista Historia de la Educación Latinoamericana*, Tunja, núm. 13, diciembre 2009 [en línea], <http://www.scielo.org.co/scielo.php?script=sci_art text&pid=S0122-72382009000100014>.

[32] Wollstonecraft, Mary, *Vindicación de los derechos de la mujer*, trad. de Carmen Martínez Gimeno, Madrid, Ediciones Cátedra, 2018, pp. 117-129.

[33] Stolleis, Michael, "La idea de Estado de derecho", *op. cit.*, p. 109.

A manera de ejemplo, es posible apreciar la influencia de Rousseau en el Estado moderno, al sustentar la concepción dentro del pacto social en el cual,

> [...] el ser humano adquiere su libertad civil [que] tiene como límite la voluntad general expresada mediante la ley [con lo cual], el individuo al obedecer las disposiciones de las autoridades, en virtud del contrato social, en realidad se obedece a sí mismo, ya que el individuo mismo es partícipe de la creación estatal [en tanto que], el Estado por su parte, debe cumplir exclusivamente con las funciones convenidas al realizar el pacto social y no contravenirlas con el efecto de dañar a un individuo en sus derechos.[34]

Dentro de la tradición francesa la obra de Montesquieu también adquiere relevancia al enfatizar el papel de las leyes dentro del Estado, las cuales entre otros aspectos serán significativas para formar la libertad política en relación con el ciudadano,[35] o bien, para favorecer la libertad de comercio y las restricciones existentes para el príncipe en materia de comercio.[36] Aquí entonces se aprecia esa importancia de la ley para asegurar esa protección del individuo en su persona, como miembro de la comunidad política e incluso dentro de su actividad económica.

Merecen especial atención las ideas liberales que se apoyan en las tesis iusnaturalistas, que en su origen rechazaron toda intervención del Estado en la actividad privada, con lo cual el Estado debe asumir las funciones estrictamente necesarias para la vida en sociedad, asegurar el mantenimiento del orden y la defensa colectiva,[37] con lo cual, el "Estado tan sólo sería el guardián de la sociedad civil".[38] Aquí nuevamente adquiere importancia el sistema de ideas propias del liberalismo que surge como reacción contra el control mercantil por parte del Estado, que apunta al respeto

---

[34] Cruz Gayosso, Moisés *et al.*, *Teoría general del Estado*, México, Iure Editores, 2006, p. 122.

[35] *Vid.* Montesquieu, *El espíritu de las leyes*, 13a. ed., trad. de Nicolás Estévanez, México, Porrúa, 2013, pp. 173-196.

[36] *Ibidem*, pp. 301-315.

[37] Serra Rojas, Andrés, *Teoría del Estado*, 18a. ed., Porrúa, México, 2008, pp. 785-790.

[38] Sørensen, Georg, *La transformación del Estado*, *op. cit.*, p. 39.

a la propiedad privada de los medios de producción y al fortalecimiento de la libre empresa, en tanto que en el terreno político, parte de un régimen constitucional y legal de garantías, con una división de poderes y el respectivo reconocimiento de las libertades del individuo que apuntó a exaltar al individuo por encima de la sociedad.[39] Siguiendo a Carlos Antonio Wolkmer, el liberalismo se torna una manifestación más auténtica de una ética individualista, vuelta hacia la noción de la libertad, que estaría presente en todos los aspectos de la realidad, desde el filosófico hasta el social, el económico, el político y el religioso, entre otros.[40] Dicho sistema de ideas a su vez dio lugar a dos valores torales del Estado moderno la libertad y la igualdad formal.[41]

En la perspectiva de Jaime Cárdenas, a diferencia de [las] formas pre-estatales, en el Estado moderno se encuentra como una diferencia específica el modo de producción económica dominante, proveniente de un modelo de producción capitalista.[42] Como se puede apreciar, la transformación del Estado lleva aparejados determinados cambios en el terreno económico, como lo es la forma de producción capitalista, desvinculado del ámbito político, lo cual requería contar con una protección en la propiedad, libertad, igualdad y seguridad jurídica, para lo cual el orden jurídico desempeñaría un rol significativo para dar la debida protección a ese sector social y restructurar el poder político. En este contexto, es posible advertir que los cambios políticos, sociales, económicos y culturales también conllevaron una visión distinta del derecho y la posición del individuo, que gradualmente incidirán en el redimensionamiento del orden jurídico y su importancia frente al Estado. "A diferencia de las formas pre-estatales de organización, dentro del Estado moderno destaca la existencia de un orden jurídico exclusivo y uniforme aplicable a un gran territorio, junto con

---

39 Serra Rojas, Andrés, *Teoría del Estado*, *op. cit.*, pp. 178-179.

40 Wolkmer, Antonio Carlos, *Historia de las ideas jurídicas*, *op. cit.*, p. 58.

41 Peces-Barba Martínez, Gregorio, *Diez lecciones sobre ética, poder y derecho*, *op. cit.*, p. 76.

42 Cárdenas Gracia, Jaime, *Del estado absoluto al estado neoliberal*, México, Universidad Nacional Autónoma de México, Instituto de Investigaciones Jurídicas, 2017, p. 15.

categorías jurídico-políticas como la soberanía y el monopolio de la fuerza".[43]

Junto con el orden jurídico, adquiere trascendencia "la soberanía [del Estado, la cual será] entendida como ese poder indivisible, inalienable e imprescriptible que descansa en la voluntad popular",[44] cuyo origen se puede ubicar en Francia a finales de la Edad Media, en el curso de la lucha de la monarquía contra el Imperio, el Papado y los feudos, que a la postre permitiría afirmar la supremacía material del Estado.[45]

El Estado moderno bajo las ideas liberales habría de presentar una transformación adicional para consolidarse como el Estado de derecho, como lo concibió la doctrina germana para matizar los efectos del Estado absolutista prusiano y contrarrestar la expansión de la Revolución francesa, con lo cual se pretendía enfatizar la sujeción de los órganos del poder a la Constitución y a las normas adoptadas por los órganos competentes conforme a los procedimientos establecidos en la misma, con correctivos a la noción de Estado, que incluía las responsabilidades sociales, políticas y culturales, bajo las cuales fuera posible propiciar las relaciones sociales basadas en la equidad, la naturaleza democrática como origen de la legitimidad del poder, funciones sociales que le incumben al Estado, así como la aplicación del derecho en una comunidad determinada.[46] En este marco, el Estado de derecho apuntaba a considerar el sometimiento del soberano al propio ordenamiento jurídico, la supremacía de la ley, así como la protección de los derechos del individuo, con la correspondiente liberación de las fuerzas del mercado de la dirección estatal.[47]

Así en este proceso histórico nació el Estado Constitucional y de Derecho que aspira a un compromiso entre la necesidad de un poder estatal homogéneo, capaz de garantizar la paz del derecho,

---

43 *Idem.*

44 Cruz Gayosso, Moisés *et al.*, *Teoría general del Estado*, *op. cit.*, p. 122.

45 Duverger, Maurice, *Instituciones políticas y derecho constitucional*, trad. de Isidro Molas, 5a. ed., Barcelona, Ariel, 1970, pp. 53-55.

46 Valadés, Diego, "Evolución del concepto de Estado de derecho", en Diego Valadés *et al.*, coords., *Ideas e instituciones constitucionales en el siglo XX*, México, UNAM/Siglo XXI, 2011, p. 215.

47 Stolleis, Michael, "La idea de Estado de derecho", *op. cit.*, pp. 113-115.

y la necesidad de asegurar el mayor grado posible de libertad individual, de impedir el abuso del poder estatal y de imponer límites a su expansión, para lo cual se habría de procurar una determinada distribución de funciones y con reglas de juego debidamente garantizadas, con creación del sistema de división y control de poderes, que habrían de acompañarse de las garantías de derechos fundamentales, que fungirían como los principios materiales del Estado, los cuales solamente pueden estar restringidos en la medida que lo exijan los fines superiores de la comunidad.[48]

En este surgimiento del Estado de derecho nuevamente es posible apreciar la trascendencia de las contribuciones de distinguidos pensadores como Kant, Humboldt, Robert von Mohl, Carl T. Welker y C. F. von Aretin, que apuntaban a la racionalización del ejercicio del poder, con el correspondiente énfasis en la necesidad de considerar la salvaguarda de la libertad del individuo, a través de un fundamento constitucional, como límite de la acción estatal, lo cual se contraponía al Estado absolutista, caracterizado por la ausencia de libertades, la concentración del poder y la irresponsabilidad de los titulares de los órganos de poder.[49]

Como se puede apreciar, el surgimiento del Estado moderno requiere contextualizar las exigencias de grupos sociales como la burguesía, así como las ideas políticas y filosóficas presentes a partir del Renacimiento que pugnaban por cambios en el poder político y en la toma de decisiones por parte de las autoridades del Estado. Estos cambios habrían de dar un giro en la manera de concebir al Estado, el cual junto con los elementos tradicionales de poder (soberanía), territorio y población, habría de incorporar los principios de igualdad y unidad, así como la necesidad de incorporar determinados derechos de libertad, igualdad, propiedad y seguridad jurídica en favor de los individuos.

Aún cabría explorar los nuevos procesos de transformación del Estado que, a consideración de Georg Sørensen, incluso es posible identificar que:

---

[48] Zippelius, Reinhold, *Teoría general del Estado*, 4a. ed., trad. de Héctor Fix-Fierro, México, Porrúa, 2002, pp. 276-280.

[49] Valadés, Diego, "Evolución del concepto de Estado de derecho", *op. cit.*, pp. 216-217.

> [...] es hasta el siglo XX cuando emerge un Estado moderno completo, cuando los Estados cuentan con economías nacionales desarrolladas y coherentes, como comunidades políticas basadas en el derecho, el orden y el poder centralizado y con grupos de personas que son ciudadanos y que otorgan legitimidad al Estado, al tiempo que definen una comunidad cultural y emocional.[50]

Las líneas apuntadas previamente son un punto de partida para comprender los inicios del Estado moderno en occidente en donde los acontecimientos políticos, económicos, sociales y culturales, aunado al sistema de ideas filosófico propio del Renacimiento favorecieron la gestación de un nuevo orden estatal, que aún en la actualidad enfrenta nuevos retos.

## *I.2. Estado y sociedad civil*

En general, es posible apreciar la necesidad de distinguir al Estado frente a la sociedad civil, entendida ésta última como "un conglomerado heterogéneo, diverso y continuamente divergente de actores y sujetos sociales que actuando en el espacio público buscan lo que genéricamente se conoce como el 'bien común'"[51]. En este marco, la sociedad civil cuenta con una esfera separada empírica y analíticamente del Estado, que con las ideas de Maquiavelo, Locke, Hobbes y Rousseau adquiere particular interés como parte del proyecto ilustrado, como consecuencia del pacto terrenal mediante el cual se instaura la idea del orden como una construcción.[52]

A manera de ejemplo es posible invocar a Thomas Hobbes, quien en su obra *De Cive* expone que la sociedad civil se compone de la unión de individuos que permita la unidad, concordia y seguridad, mediante el sometimiento de la voluntad a la voluntad de otro, con la respectiva transferencia del derecho de hacer uso

---

[50] SØRENSEN, Georg, *La transformación del Estado*, *op. cit.*, p. 28.

[51] ESQUIVEL SOLÍS, Edgar y Carlos Chávez Bécker, "Sociedad Civil", en Herminio Sánchez de la Barquera y Arroyo, ed., *Antologías para el estudio y la enseñanza de la ciencia política. Régimen político, sociedad civil y política internacional*, vol. II, México, UNAM, Instituto de Investigaciones Jurídicas, 2017, pp. 207-208.

[52] *Ibidem*, pp. 208-210.

de sus propias fuerzas y voluntades hacia un hombre o grupo de individuos agrupados bajo un concejo.[53] John Locke por su parte concebía que solamente podía existir una sociedad civil o política si el conjunto de hombres se unía y abandonaba cada cual su poder ejecutivo de la ley de la naturaleza para dimitirlo en manos del poder público, lo cual permitiría entre otras cosas proteger la propiedad o castigar a aquellos transgresores de la sociedad.[54] Una finalidad de la sociedad civil que Locke identifica es educar y remediar los inconvenientes del estado de la naturaleza, mediante el establecimiento de una autoridad conocida a la cual se pueda recurrir en caso de una afectación.[55]

Bajo las exposiciones anteriores es posible desprender que la simple reunión de individuos es insuficiente para considerarla como sociedad civil. Por el contrario, es necesario un acuerdo y una voluntad que persiga como fines el buscar la unidad, concordia y seguridad, con la respectiva presencia de un individuo o grupo de individuos que permitan salvaguardar dichos fines, para lo cual el Estado adquiere un papel fundamental.

Andrés Serra Rojas, al concebir a la sociedad como un grupo de seres humanos que cooperan al cumplimiento de sus fines esenciales, como su propia conservación, existencia o permanencia y su perpetuación,[56] ya indicaba que para el Estado tiene una gran importancia la estructura de la sociedad que lo sustenta como una realidad que vive en cada uno de sus componentes y en donde el Estado tiene en sus posibilidades el dirigir o encauzar muchos de los sentimientos sociales despertando en el individuo, otros intereses o factores que sirvan para dar unidad mayor al grupo y fortalecer al propio Estado, cuando éste lleva a cabo determinaciones radicales.[57] En una idea similar Jean Dabin sostiene que el Estado será tanto más sólido y alcanzará mejor sus fines de bien público, cuanto repose sobre un *consensus* más unánime, más consciente y

---

[53] Hobbes, Thomas, *De Cive. Elementos filosóficos sobre el ciudadano,* trad. de Carlos Mellizo, Madrid, Alianza Editorial, 2010, pp. 118-124.

[54] Locke, John, *Ensayo sobre el gobierno civil*, México, Porrúa, 2011, pp. 50-51.

[55] *Ibidem*, p. 51.

[56] Serra Rojas, Andrés, *Teoría del Estado*, *op. cit.*, p. 147.

[57] *Ibidem*, p. 154.

más entusiasta de todos aquellos que, por un título cualquier y con un rango cualquiera, formen parte del Estado.[58]

Hasta este punto se aprecia que el Estado requiere considerar en su actuar a ese conglomerado humano que integra la sociedad civil para fines que comprenden desde la conservación y permanencia, hasta alcanzar el bien público, aspectos que además fortalecen al propio Estado.

La relación en comento ha sido objeto de interesantes aproximaciones si consideramos el planteamiento pluralista de la sociedad civil, a partir de las ideas de Bobbio, Dahl o Diamond, quienes concebían una dicotomía del Estado, ya que bajo dicho concepto de sociedad civil

> [...] se explica la existencia de un espacio en donde surgen y se desarrollan los conflictos económicos, sociales y religiosos que las instituciones estatales tiene la misión de resolver, mediándolos, previniéndolos o reprimiéndolos [de donde resulta que, la sociedad civil adquiere el carácter de] un conglomerado de asociaciones y grupos organizados a diferentes niveles y con diferentes objetivos que delinean y dan forma a los reclamos dirigidos al sistema político que tendrá que responder y/o resolver [con lo cual], la sociedad civil y el Estado se influyen y determinan mutuamente *ad infinitum*.[59]

Con la noción pluralista se puede apreciar la manera en que la sociedad civil engloba un conjunto de grupos con distintos intereses y la complejidad que tendrán una particular actuación tanto al interior de cada grupo, como al exterior para incidir sobre el Estado, y éste a su vez, sobre estos grupos.

Se podría agregar la referencia a la interpretación que se proporciona desde el enfoque de Hegel, Marx, Gramsci, así como las perspectivas funcionalistas y neomarxistas,[60] que en general apuntan a explorar la trascendencia que tiene la sociedad civil en la identificación de necesidades, conflictos y propuestas, con la res-

---

[58] DABIN, Jean, *Doctrina general del Estado*, *op. cit.*, p. 93.

[59] ESQUIVEL SOLÍS, Edgar y Carlos Chávez Bécker, "Sociedad Civil", *op. cit.*, p. 213.

[60] *Ibidem*, pp. 210-219.

pectiva incidencia dentro del Estado, el cual a su vez habrá de actuar significativamente en la conformación, cohesión y atención de necesidades de la sociedad civil. Asimismo, la comprensión de la sociedad civil apunta a considerar la complejidad y cambios presentes en determinados grupos y determinar la manera en que directa o indirectamente incidirán en la toma de decisiones al interior del Estado, así como en su continua transformación.

## *I.3. Estado y derecho*

Uno de los aspectos que ha adquirido especial interés para el Estado es la relación: Estado y Derecho, lo cual requiere determinar aspectos como su surgimiento, su interrelación, así como la manera en que el derecho puede incidir sobre el Estado y viceversa, temas que brevemente se indicarán a continuación.

En primer término, es posible identificar al "Derecho y al Estado como fenómenos históricos, que varían en el espacio y tiempo, [...] aparecen en aquellas sociedades en las que surge un cierto conflicto social, para cuya resolución o atenuación se requiere de la existencia de normas cuya eficacia sólo puede asegurarla el uso masivo e institucionalizado de la fuerza física".[61] En la perspectiva de Atienza, si bien, el Estado surgió de manera independiente, parece observarse que,

> [...] el Derecho moderno presupone el Estado moderno, esto es, una forma de organización política que surge con el Renacimiento y se caracteriza por la concentración y monopolización del poder político [de manera que], el derecho moderno aparece, por una parte, como el conjunto de normas procedentes del o respaldadas por el Estado y, por la otra, como un orden normativo que presupone la libertad e igualdad de los sujetos, considerados como miembros del Estado.[62]

Hasta este punto es posible apreciar la manera en que inicialmente se aprecia la vinculación entre derecho y Estado para dar

[61] ATIENZA, Manuel, *Introducción al derecho*, México, Fontamara, 2008, p. 36.
[62] *Ibidem*, pp. 37-38.

respaldo a las normas jurídicas y la exigencia de la obligatoriedad de las normas jurídicas proteger los derechos de los individuos.

Lo anterior conlleva a considerar la relación entre el Estado y el derecho que adquirió una particular dimensión, "entre finales del siglo XVIII y principios del siglo XIX, por el paso del iusnaturalismo al iuspositivismo jurídico [en donde] el derecho no se entiende ya como un orden con validez para todos los tiempos y lugares, sino como un fenómeno histórico y social [...], que no puede entenderse separado del poder [y] de la fuerza coactiva [...] emanada del Estado",[63] con lo cual se daría una conexión externa conforme lo postularía Ihering y Austin, y que con Kelsen, Olivecrona o Ross implicaría indagar una conexión de tipo interna, bajo el cual la fuerza pasa a ser el contenido de las normas internas, en donde el derecho sería "un conjunto de normas que regulan el uso de la fuerza".[64] Las posturas indicadas con antelación apuntan a considerar la necesidad de explorar la conexión interna y externa existente entre el Estado y el derecho, para determinar las relaciones entre poder y las normas jurídicas, así como la manera en que la fuerza determina la obediencia de las normas jurídicas, o en su caso, la regulación del uso del poder a partir de las normas jurídicas.

Al margen de las conexiones internas y externas enunciadas en el párrafo anterior, es posible apreciar la manera en que parece existir una vinculación de Estado y derecho. Mas que aludir a la posibilidad de identificar la superioridad o inferioridad de la posición del Estado frente al derecho, es conveniente retomar a Bodenheimer quien parte de la importancia de considerar al Estado como la sede de la autoridad, la cual en todo caso requiere circunscribirse y limitarse por disposiciones de derecho constitucional.[65] Bajo este esquema, lo que se tendría que vislumbrar son las relaciones existentes entre derecho y Estado, en donde podría ser de interés inicial la postura de Manuel Atienza para quien los conceptos de Derecho y de Estado son conceptos conjugados, que no pueden comprenderse el uno separado del otro, que, sin embar-

---

[63] *Ibidem*, p. 39.

[64] *Idem*.

[65] BODENHEIMER, Edgar, *Teoría del derecho*, trad. de Vicente Herrero, 2a. ed., México, Fondo de Cultura Económica, 1992, pp. 78-92.

go no son conceptos coextensivos, ni cointensivos, ya que parece existir una actividad estatal que no es jurídica, ya que el aparato estatal actúa muchas veces fuera del derecho, lo que no quiere decir que deje de ser Estado.[66] Por su parte, González Uribe señala la manera en que se puede apreciar una interrelación continua entre el derecho y el Estado, de tal manera que todo Estado que trate de justificarse ante la conciencia jurídica y moral de los individuos, tiene que ser un Estado de Derecho, con lo cual el derecho aparece en el horizonte político-estatal como la concretización o institucionalización del orden, que da una estructura formal, firme y segura a las actividades políticas y en donde el Estado mismo requiere someterse a las normas jurídicas. A su vez, el papel del Estado es de extrema importancia en la tarea de definir, aplicar y dar vigencia inmediata al derecho positivo, ya que de lo contrario, sin el monopolio de la sanción, que históricamente recayó en el Estado, se vuelve un ideal ineficaz [67]

Una referencia adicional al tema se puede encontrar en la perspectiva de Jean Dabin, para quien, si se tratara de identificar la manera en que el Estado se encuentra sometido por el derecho, se requiere señalar los cauces estrictos de la actividad del poder público, en tanto que el conjunto de normas que rige la convivencia humana, con poder coactivo para la realización de los fines existenciales de los individuos.[68] Como bien lo indica el autor en comento, "el Estado está sometido al Derecho, no tan sólo en el plano internacional, en sus relaciones con los demás Estados, que son sus iguales, sino también en el plano interno, en las relaciones con sus súbditos, individualmente o en conjunto."[69]

La relación entre Estado y derecho, además es significativa para favorecer el adecuado cumplimiento de las funciones del Estado, que para Bernd Rüthers, consisten en el control y configuración, orden para impedir la anarquía y el caos, conser-

---

[66] *Idem.*

[67] González Uribe, Héctor, *Teoría política*, 16a. ed., México, Porrúa, 2010, pp. 204-206.

[68] Serra Rojas, Andrés, *Teoría del Estado*, *op. cit.*, p. 163.

[69] Dabin, Jean, *Doctrina general del Estado*, *op. cit.*, pp. 131-132.

vación, resolución de controversias, organización, pacificación, integración y educación.[70]

De lo expuesto hasta ahora, es posible observar la manera en que las relaciones entre el Estado y el derecho son relevantes para regular el ejercicio del poder público, contar con la coacción necesaria para exigir el cumplimiento de las normas jurídicas, así como para favorecer el cumplimiento de las funciones del derecho, que se han buscado ejemplificar a través del pensamiento de Bernd Rüthers.

Aunado a lo anterior, es posible apuntar a los alcances de la dimensión jurídica del Estado y su realidad social, en donde se aprecia la existencia de determinados factores metajurídicos que si bien, no pertenecen estrictamente al orden normativo del derecho están, sin embargo, en contacto con él, para crear, cumplir, o incluso dinamizar o quebrantar el derecho, lo que apuntará a establecer el poder político y orientar la acción y las decisiones del Estado.[71] En este marco, es posible apreciar que incluso los aspectos de carácter extrajurídico son factores que requieren tomarse en consideración para vislumbrar la manera en que el Estado y el derecho pueden transformarse a partir de determinadas exigencias sociales o en su caso para enfrentar los distintos retos que plantea la humanidad.

## *I.4. Estado e individuo*

En palabras de Jean Dabin, el individuo puede ser considerado como "el hombre en cuanto fragmento individuado de la especie humana, es parte del todo social".[72] Para Dabin es preciso advertir una interesante relación

> [...] entre el Estado y el individuo, ya que si bien el individuo, es el elemento primero [del Estado] también es su súbdito, lo cual apunta a concebir e indagar los derechos de éste ante el poder público y la manera en que éstos se encuentran garantizados [...].

---

70 Rüthers, Bernd, *Teoría del derecho. Concepto, validez y aplicación del derecho*, trad. de Minor E. Salas, México, Editorial Ubijus, Instituto de Formación Profesional, 2009, pp. 45-54.

71 Recaséns Siches, Luis, *Introducción al estudio del derecho*, 13a. ed., México, Porrúa, 2000, pp. 273-274.

72 Dabin, Jean, *Doctrina general del Estado*, *op. cit.*, p. 357.

> [En este marco, en opinión del referido autor, cabría preguntarse] ¿cuál es la posición del individuo frente al Estado? ¿El Estado es para el individuo o el individuo para el Estado? ¿Representa el Estado un valor superior y supremo al cual debe el individuo inmorarse y, en caso de rehusar, sufrir el sacrificio de la fuerza? ¿Es el Estado un medio de perfeccionamiento al servicio del individuo?.[73]

En un esfuerzo por proporcionar una respuesta, Dabin indica que "el Estado sólo existe por los individuos y para los individuos; procede de ellos, de la conjugación de sus esfuerzos y sacrificios, y está destinado a refluir hacia ellos en la forma de ventajas de toda especie que se derivan de la participación en el bien público".[74]

Conforme a lo indicado previamente es posible apreciar la trascendencia que adquiere el individuo para el Estado, en tanto que precisamente el Estado requiere dotar de un mínimo de protección y bienestar al individuo, lo cual implicaría cambiar la perspectiva de que el individuo debe vivir para el mantenimiento exclusivo del gobernante y del Estado. En este marco, se aprecia que la perspectiva liberal sentó las bases para redimensionar la importancia de que el Estado protegiera la libertad, igualdad, propiedad y seguridad del individuo, que se concretó en instrumentos como la Carta Magna, *Bill of Rights*, entre otros documentos mencionados en el primer apartado. Esa protección del individuo se ha ampliado con el paradigma de derechos humanos que apunta a buscar la protección del individuo por parte del Estado en sus derechos civiles, políticos, económicos, sociales, culturales y ambientales, aspecto que nuevamente apunta al redimensionamiento de las relaciones entre el Estado y el individuo que el jurista requiere considerar en todo momento con la finalidad de continuar con los esfuerzos para que el Estado proteja la esfera personal, patrimonial y social del individuo de cualquier ataque del Estado o de terceros.

---

[73] *Ibidem*, pp. 351-353.
[74] *Ibidem*, p. 355.

## I.5. Público y privado

El tema de la distinción entre lo público y lo privado puede verse en un primer término desde la perspectiva del individuo, que para Dabin requiere considerar dos partes:

> [una parte pública] destinada a la comunidad política, a la conservación de su ser y a la realización de sus fines, sobre la cual tiene el Estado derechos más o menos amplios, conforme a las circunstancias de tiempo y lugar [...] [y otra parte privada], que elude a la comunidad y su poderío, y cuyo señorío y libre disposición conserva el individuo, salvo su responsabilidad.[75]

La distinción entre lo público y lo privado incluso reviste de alcances históricos, para lo cual Fernando Oliván López proporciona una interesante referencia. Así, mientras que lo público se vincula con esa idea de la polis griega, esa base social, en donde el colectivo hallaba la protección y en donde "la plaza [representaba] ese espacio abierto donde todo se ve y que hace de la palabra un instrumento privilegiado en la toma de decisiones",[76] "lo privado constituye el mundo de la vida, la remisión a la condición biológica y animal del ser humano".[77] Esa referencia apuntaría a considerar la consolidación de dos espacios, "lo público y lo privado, que adquieren una posición dialéctica, que confrontan sus posiciones [como elementos contrapuestos, y bajo los cuales se establece] una estructura dual, en donde el mundo se ordena bajo su férula, asumiendo la vertiente pública o privada".[78]

En un ámbito más amplio, Norberto Bobbio apunta a la gran dicotomía existente entre lo público y privado que requiere ver la manera en que los dos términos se pueden condicionar mutuamente, de manera que si se aterriza la dicotomía clásica entre derecho privado y derecho público es posible apreciar la situación "entre lo que pertenece al grupo en cuanto a la colectividad y lo que pertenece a grupos más específicos [...] [o bien entre] un poder central superior y los poderes periféricos inferiores que con respecto a él

---

[75] *Ibidem*, p. 357.

[76] OLIVÁN LÓPEZ, Fernando, *Leviatán al desnudo. Una genealogía del estado moderno*, Valencia, Tirant lo Blanch, 2022, pp. 33-38.

[77] *Ibidem*, p. 44.

[78] *Ibidem*, p. 40.

gozan de una autonomía relativa, cuando no dependen totalmente de él".[79] En este marco, si el tema se aterriza bajo la ley y el contrario, se aprecia que

> [...] el derecho público es tal en cuanto a que es impuesto por la autoridad política y asume la forma específica, y cada vez más preponderante conforme avanza el tiempo de "ley", [esto es, como] norma obligatoria porque es impuesta por el detentador del poder supremo y reforzada por la coacción [...] [en tanto que] el derecho privado [corresponde al] conjunto de normas que los sujetos establecen para regular sus relaciones, entre las cuales las más importantes son las relaciones patrimoniales, mediante acuerdos bilaterales [...].[80]

Norberto Bobbio añade una nota adicional a la dicotomía para agregar el significado evaluativo de lo público y lo privado, en donde es posible apreciar dos vertientes que respectivamente buscan identificar una supremacía de lo privado sobre lo público y viceversa. Así, si se parte de la supremacía del derecho privado a través de la difusión y recepción del derecho romano en Occidente, que adquiere validez independientemente de las circunstancias de tiempo y lugar que la originaron y que está basada en la naturaleza de las cosas. Un ejemplo de lo anterior, se aprecia en "la resistencia que el derecho de propiedad opone a la injerencia del poder soberano de expropiar los bienes del súbdito, lo que se podría considerar como una violación de la ley natural a la que el príncipe está sometido al igual que todos los hombres".[81] Por el contrario, si se parte de la primacía de lo público sobre lo privado, se podrá observar en "la contraposición del interés colectivo al interés individual [o], en la irreductibilidad del bien común en la suma de los bienes individuales [...], [lo cual implicaría] el aumento de la intervención estatal en la regulación coactiva del comportamiento de los individuos y de los grupos infraestatales".[82]

---

[79] Bobbio, Norberto, *Estado, gobierno y sociedad. Por una teoría general de la política*, 17a. reimp., trad. de José Fernández Santillán, México, Fondo de Cultura Económica, 1989, pp. 12-13.

[80] *Ibidem*, pp. 18-19.

[81] *Ibidem*, pp. 25-27.

[82] *Ibidem*, pp. 27-30.

Las dicotomías permiten advertir el intento de privilegiar aspectos como el bien común o el interés colectivo, frente aspectos como la propiedad privada, como si fueran ámbitos opuestos. Sin embargo, lo que se tendría que buscar es la manera en que se compenetra el ámbito público y privado, en tanto que:

> El primero refleja el proceso de subordinación de los intereses privados al interés de la colectividad, representada por el Estado que invade y engloba progresivamente la sociedad civil [en tanto que]; el segundo representa la reivindicación de los intereses privados mediante la formación de los grandes grupos organizados que utilizan los aparatos públicos para alcanzar sus objetivos. [De esta manera, a consideración de Bobbio], el Estado puede ser correctamente representado como el lugar donde se desarrollan y componen estos conflictos, para luego descomponerse y recomponerse mediante un instrumento jurídico de un acuerdo continuamente renovado, [que correspondería al] contrato social.[83]

La exposición realizada exhorta a continuar con la reflexión en torno a la importancia y orígenes del Estado moderno, con la finalidad de apreciar las transformaciones que actualmente tiene el Estado, en el terreno político, económico y jurídico, con los respectivos retos que enfrenta. Igualmente, resulta de particular importancia las relaciones con la sociedad civil y el individuo que permitirán identificar la necesidad de que la actuación del Estado se encamine a garantizar el bienestar y progreso de la sociedad civil y del individuo, a partir del diálogo con la ciudadanía, para la identificación de problemas y planteamiento de soluciones políticas, económicas, sociales y jurídicas. En el estudio de estos temas, la Filosofía Política y la Filosofía del Derecho constituyen un interesante referente para profundizar sobre las bases teóricas que permitan profundizar en la esencia del Estado, del derecho y sus relaciones con los individuos, así como para identificar los pendientes que en el siglo XXI requieren atención por parte del Estado.

---

[83] *Ibidem*, pp. 30-32.

*FUENTES REFERENCIADAS*

## *Bibliohemerografía*

Atienza, Manuel, *Introducción al derecho*, México, Fontamara, 2008.

Binham, Tom, *El estado de derecho,* trad. de Eduardo Medina Mora y Marco Tulio Martínez Cosío, México, Tirant lo Blanch, 2018.

Bobbio, Norberto, *Estado, gobierno y sociedad. Por una teoría general de la política*, 17a. reimp., trad. de José Fernández Santillán, México, Fondo de Cultura Económica, 1989.

Bodenheimer, Edgar, *Teoría del derecho*, trad. de Vicente Herrero, 2a. ed., México, Fondo de Cultura Económica, 1992.

Cárdenas Gracia, Jaime, *Del estado absoluto al estado neoliberal,* México, Universidad Nacional Autónoma de México, Instituto de Investigaciones Jurídicas, 2017.

Cruz Gayosso, Moisés *et al.*, *Teoría general del Estado*, México, Iure Editores, 2006.

Dabin, Jean, *Doctrina general del Estado. Elementos de filosofía política*, trad. de Héctor González Uribe y Jesús Toral Moreno, México, UNAM, Instituto de Investigaciones Jurídica, 2018.

Díaz Revorio, Francisco Javier, *Fundamentos actuales para una teoría de la Constitución*, Querétaro, México, Instituto de Estudios Constitucionales del Estado de Querétaro, 2018.

Duverger, Maurice, *Instituciones políticas y derecho constitucional*, trad. de Isidro Molas, 5a. ed., Barcelona, Ariel, 1970.

Esquivel Solís, Edgar y Carlos Chávez Bécker, "Sociedad Civil", en Herminio Sánchez de la Barquera y Arroyo, ed., *Antologías para el estudio y la enseñanza de la ciencia política. Régimen político, sociedad civil y política internacional*, vol. II, México, UNAM, Instituto de Investigaciones Jurídicas, 2017.

Fernández y Castrejón, eds., *Maquiavelo. Comentado por Napoleón I (Bonaparte). Manuscrito hallado en el coche de Bonaparte, después de la batalla del Monte San-Juan, el 18 de junio de 1815*, México, Tipografía Popular, 1905.

Fuentes López, Carlos, *El racionalismo jurídico*, México, UNAM, Instituto de Investigaciones Jurídicas, 2003.

González Uribe, Héctor, *Teoría política*, 16a. ed., México, Porrúa, 2010.

Gouges, Olympe de, "Declaración de los derechos de la Mujer y de la Ciudadana", en *Revista Historia de la Educación Latinoamericana*, Tunja, núm. 13, diciembre 2009 [en línea], <http://www.scielo.org.co/scielo.php?script=sci_arttext&pid=S0122-72382009000100014>.

Hermosa Andújar, Antonio, *Individuo y política en el Príncipe de Maquiavelo. Naturaleza, formas y sujetos del poder*, Querétaro, México, Instituto de Estudios Constitucionales del Estado de Querétaro, 2017.

Hobbes, Thomas, *De cive. Elementos filosóficos sobre el ciudadano*, trad. de Carlos Mellizo, Madrid, Alianza Editorial, 2010.

Locke, John, *Ensayo sobre el gobierno civil*, México, Porrúa, 2011.

Maquiavelo, Nicolás, *Obras Políticas*, La Habana, Editorial de Ciencias Sociales, Instituto Cubano del Libro, 1971.

Margadant, Guillermo F., *Panorama de la historia universal del derecho*, 2a. ed., 5a. reimp., México, Porrúa, 2000.

Montesquieu, *El espíritu de las leyes*, 13a. ed., trad. de Nicolás Estévanez, México, Porrúa, 2013.

Oliván López, Fernando, *Leviatán al desnudo. Una genealogía del estado moderno*, Valencia, Tirant lo Blanch, 2022.

Paine, Thomas, *Los derechos del hombre*, 3a. ed., trad. de José Antonio Fernández de Castro y Tomás Muñóz Molina, México, Fondo de Cultura Económica, 2017.

Peces-Barba Martínez, Gregorio, *Diez lecciones sobre* ética, poder y derecho, Madrid, Dykinson, 2008.

RECASÉNS SICHES, Luis, *Introducción al estudio del derecho*, 13a. ed., México, Porrúa, 2000.

RÜTHERS, Bernd, *Teoría del derecho. Concepto, validez y aplicación del derecho*, trad. de Minor E. Salas, México, Editorial Ubijus, Instituto de Formación Profesional, 2009.

SERRA ROJAS, Andrés, *Teoría del Estado*, 18a. ed., Porrúa, México, 2008.

SØRENSEN, Georg, *La transformación del Estado. Mas allá del mito del repliegue*, trad. de Ramón Cotarello, México, Tirant lo Blanch, 2011.

STOLLEIS, Michael, "La idea de Estado de derecho", en Javier Espinoza de los Monteros, coord., trad. de Ignacio Gutiérrez y Gutiérrez, *Las dimensiones del Estado Constitucional*, México, Centro di Studi sul Rischio, Derecho Global Editores, 2018.

VALADÉS, Diego, "Evolución del concepto de Estado de derecho", en Diego Valadés *et al.*, coords., *Ideas e instituciones constitucionales en el siglo XX*, México, UNAM/Siglo XXI, 2011.

WOLKMER, Antonio Carlos, *Historia de las ideas jurídicas. De la antigüedad clásica a la modernidad*. Síntesis, trad. de Alejandro Rosillo Martínez, México, Porrúa, 2008.

WOLLSTONECRAFT, Mary, *Vindicación de los derechos de la mujer*, trad. de Carmen Martínez Gimeno, Madrid, Ediciones Cátedra, 2018.

ZIPPELIUS, Reinhold, *Teoría general del Estado*, 4a. ed., trad. de Héctor Fix-Fierro, México, Porrúa, 2002.

# II. Estado y Gobierno

Diana Piñón Jiménez[1]

## *Introducción*

La filosofía política permite cuestionar, reflexionar y generar conocimiento sobre la esencia de lo político con el objeto de encontrar cuál es el mejor régimen político u orden social[2] para una determinada sociedad. Para explicar la esencia de lo político la filosofía política se ha apoyado de seis principales conceptos que se relacionan fuertemente. Los conceptos de democracia, legalidad y soberanía se vinculan a los conceptos de representación, legitimidad y ciudadanía de diversas formas para perfilarse mutuamente. Cabe apuntar que es fundamental poner atención al desarrollo del concepto democracia, ya que, incluso con contrariedades, es sin duda el eje neurálgico de la filosofía política.

El objetivo es analizar concretamente los elementos fundamentales de cada concepto citado en términos claros y explícitos, para con ello observar de qué forma surgen e interactúan entre sí, e incluso con otros grandes temas como la libertad, la dignidad humana, la cultura, el gobierno, la paz, el derecho, la justicia, y de esa forma dar paso a reflexionar sobre el mejor y más justo orden social, que constituye la exigencia de fondo.

---

1 Doctora en Derecho, egresada de la División de Estudios de Posgrado de la Facultad de Derecho de la Universidad Nacional Autónoma de México e integrante de su Claustro. Fue Asesora Parlamentaria en el Senado de la República y Asesora Política en la Fiscalía Especializada en Delitos Electorales. Actualmente es Servidora Pública en la Unidad de Inteligencia Financiera. Es catedrática de Teoría Política e Historia del Derecho Mexicano en la licenciatura en Derecho de la citada Facultad, asimismo es catedrática de Filosofía Política del Posgrado de la misma Facultad. Ha publicado algunos textos en materia de Democracia y Teoría Constitucional.

2 *Vid.* Strauss, Leo, ¿Qué es filosofía política?, trad. de Juan García-Morán Escobedo, Madrid, Guadarrama, 1970, p. 12 y 14.

A lo largo de la historia, las figuras más destacadas de la filosofía política han enunciado los conceptos e interacciones entre democracia, legalidad, soberanía, representación, legitimidad y ciudadanía. En esta unidad se presentan algunas de las ideas más relevantes desde un enfoque pluralista.

## *II.1. Democracia y representación*

Desde la teoría clásica, la democracia "es el gobierno del pueblo y que el pueblo tiene el derecho de gobernar".[3] Al respecto, Karl Popper explica que, en la Grecia Antigua, desde antes del nacimiento de Platón, todas las decisiones políticas importantes eran tomadas por todos los ciudadanos, pero los ciudadanos eran una minoría entre los habitantes de la *polis*,[4] por lo que la idea de "todos los ciudadanos" se desdibuja. Actualmente, en el Estado Democrático tiene poder sólo el electorado, el pueblo sigue sin gobernar y rigen los gobiernos representativos, como la forma de gobierno de las democracias contemporáneas, ya que la sociedad no puede hacerse presente en conjunto.

Volviendo a la antigüedad, nos dice Platón en la *República* que, para Sócrates, la democracia es el gobierno de hombres libres, por tanto, incluye el derecho de hacer y decir lo que se desee, cada uno puede seguir el modo de vida que mejor le plazca. En la democracia el objetivo es la libertad y la virtud queda fuera, por esa razón Sócrates no elige y expresa en palabras a la democracia como el mejor régimen posible. Sin embargo, Strauss identifica que Sócrates, en los hechos, sí vivió, defendió y murió por defender la democracia de Atenas.[5] Claramente desde la antigüedad, ya se debatían los llamados peligros de la democracia.

---

3 Popper, Karl, "La sociedad abierta y sus enemigos. Revisitada" (publicado originalmente en *The Economist*, 1988), en *Estudios Políticos*, UNAM, Facultad de Ciencias Políticas, tercera época, núm. 7, octubre, 1991, p. 163 [en línea], <http://dx.doi.org/10.22201/fcpys.24484903e.1991.7.59878>.

4 *Ibidem*, p. 164.

5 *Vid.* Strauss, Leo, "Platón (427-347 a.c.)", en Leo Strauss y Joseph Cropsey, comps., *Historia de la filosofía política*, trad. de Leticia García Urriza *et al.*, México, Fondo de Cultura Económica, 2020 (Política y Derecho), pp. 71 y 72.

Por su parte, de acuerdo con el número de gobernantes, Platón distinguía entre: 1) monarquía, gobierno de un hombre bueno, y tiranía, la forma distorsionada o pervertida de la monarquía; 2) aristocracia, el gobierno de pocos hombres buenos, y oligarquía, su forma distorsionada o desviada; 3) democracia, gobierno de la mayoría, de todo el pueblo, misma que no tiene dos formas, dado que para Platón, en la medida en que los muchos siempre forman plebe, la democracia está distorsionada en sí misma.[6] Esta idea sobre la plebe refiere que los muchos no son expertos en gobernar y por ello se prevé un peligro. Aquí, cabe reflexionar sobre si la sola experiencia de una persona da más luz sobre un tema que compete a todos, que la opinión de aquellos a quienes compete. Se debe considerar que contar con experiencia no es sinónimo de conocer los intereses y anhelos de un pueblo.

Pese a su idea de la democracia, para Platón el régimen viable debe ser mixto: entre la monarquía, que representa el gobierno de un hombre sabio (con formación filosófica, es decir un filósofo rey, quien no puede poseer propiedad privada) y la democracia, al representar la libertad.[7] La fórmula resulta interesante, no obstante, una formación filosófica no garantiza un gobierno abierto a la libertad y al mismo tiempo una multitud libre puede no dejarse guiar por un filósofo rey, por muy sabio que éste sea. Como se observa, aunque Platón en un principio se opone a la democracia, termina por aceptar que, la mejor forma de gobierno incluye la idea de que los gobernantes deben tomar en serio los intereses de un pueblo libre.

En Aristóteles, la democracia no tiene que ver con simples números (muchos o pocos), detalla que es más bien el gobierno de los pobres, que por lo general son mayoría. Aristóteles hace una "condicionada defensa a la democracia" al señalar que un banquete al que muchos contribuyen puede ser mejor que uno preparado por una sola persona, siempre que la multitud tenga determinadas características y no participe en los más altos cargos. Aristóteles identifica que la forma no desviada de la democracia es la "cons-

---

6 *Vid.* Popper, Karl, "La sociedad abierta y sus enemigos. Revisitada", *op. cit.*, p. 164.

7 *Vid.* Strauss, Leo, "Platón (427-347 a.c.)", *op. cit.*, pp. 45 y 90.

titución política" como la mezcla de la oligarquía (gobierno de los poderosos) y la democracia, es decir un régimen mixto,[8] una mezcla entre las élites y la sociedad.

Durante la Edad Media, destacan autores como San Agustín, quien utiliza la filosofía como instrumento para tener una comprensión plena sobre la teología, pues el teólogo fusiona ambas ciencias para concluir que, Dios fundamenta el libre albedrío de los hombres. San Agustín resuelve los conflictos que pudieran surgir entre las autoridades eclesiásticas y las civiles a través de la coincidencia de la sabiduría cristiana y el poder político.[9] De esa forma, del siglo V al siglo XV, la idea de la democracia se vio ensombrecida, ya que no fue necesario justificar el poder de la monarquía hereditaria, que invocaba tener un derecho divino, así como tampoco fue necesario justificar la representación estamental (nobleza e iglesia) de la Edad Media.

Pese a tal pausa en la evolución directa de la idea de la democracia, destacan algunos filósofos como Marsilio de Padua, al subrayar la importancia de la deliberación del pueblo y defender categóricamente la soberanía popular[10] para fortalecer al régimen aristocrático que él proponía. Con lo cual queda expuesto que se mantuvo latente la idea de democracia. Luego, aparece Maquiavelo (considerado padre de la filosofía moderna) quien, por un lado, da consejos al príncipe de cómo gobernar y, por otro, rehabilita la virtud antigua en contra del cristianismo, apuntando su preferencia por las repúblicas.[11] Ello explica que el célebre Maquiavelo haya sido interpretado de diversas formas, en todas con cierta razón.

Al paso de los años, las ideas filosóficas de los regímenes mixtos de Platón y Aristóteles fueron recogidas y adaptadas por tres naciones, Inglaterra, Francia y Estados Unidos. Dichas naciones se convertirían en la cuna de la representación política, cuya evolu-

---

[8] *Vid.* LORD, Carnes, "Aristóteles (384-322 a.c.)", en Leo Strauss y Joseph Cropsey, comps., *Historia de la filosofía política*, trad. *op. cit.*, pp. 143-148.

[9] *Vid.* FORTIN, Ernest L., "San Agustín (354-430)", en Leo Strauss y Joseph Cropsey, comps., *Historia de la filosofía política*, trad. *op. cit.*, pp. 188 y 197.

[10] *Vid.* STRAUSS, Leo, "Marsilio de Padua (1275-1342)", en Leo Strauss y Joseph Cropsey, comps., *Historia de la filosofía política*, trad. *op. cit.*, pp. 274 y 278.

[11] *Vid.* STRAUSS, Leo, "Nicolás Maquiavelo (1469-1527)", en Leo Strauss y Joseph Cropsey, comps., *Historia de la filosofía política*, trad. *op. cit.*, pp. 287 y 302.

ción ha pasado por diversas etapas: la etapa de la representación política de intereses sociales de grupo que influyen en el parlamento; la representación funcional denominada "corporativismo" (sindicatos); la representación a través de movimientos sociales; y, la participación directa de los ciudadanos (plebiscito, referéndum, iniciativa popular).[12]

Más adelante se abordará con detalle el tema de la representación. Por ahora es importante reconocer a Hobbes, Locke y Montesquieu como los fundadores de las concepciones de la representación. Hobbes en su idea de representación da un poder que pareciera absoluto (poder de representar) al soberano (ya sea un hombre o un consejo) de ordenar las voluntades de todos;[13] John Locke, por el contrario, afirma que los gobiernos no tienen poderes ilimitados, ya que se encuentran limitados por la finalidad para la cual fueron creados (remediar la incertidumbre, proteger de los peligros y la defensa de la propiedad), además de aseverar que sólo el consentimiento de la mayoría puede establecer un gobierno;[14] y, Montesquieu es quien afina la idea de representación con la teoría de la separación de poderes, al desarrollar la idea de que debe existir un poder judicial entregado a los tribunales, un poder legislativo con dos Cámaras (una elegida del pueblo y otra constituida por nobles) y un poder ejecutivo en manos de un monarca. Asimismo, el filósofo francés, a diferencia de los dos fundadores anteriores, es el primero en concebir a la democracia como la mejor forma de gobierno pues en ella existe "virtud" (amor a las leyes, templanza, patriotismo, etc.) en sus ciudadanos.[15]

El breve recorrido previo muestra la forma como inicia el debate sobre el modelo representativo de la democracia. Enseguida,

---

12 *Vid.* Gargarella, Roberto, *Nos los representantes. Crítica a los fundamentos del sistema representativo*, 2a. ed., pról. de Adam Przeworski, Buenos Aires, Miño y Dávila, 2010, pp. 34 y 35.

13 *Vid.* Berns, Laurence, "Thomas Hobbes (1588-1679)", en Leo Strauss y Joseph Cropsey, comps., *Historia de la filosofía política*, trad. *op. cit.*, pp. 385 y 388.

14 *Vid.* Golwin, Robert A, "John Locke (1632-1704)", en Leo Strauss y Joseph Cropsey, comps., *Historia de la filosofía política*, trad. *op. cit.*, pp. 472 y 475.

15 *Vid.* Lowenthal, David, "Montesquieu (1689-1755)", en Leo Strauss y Joseph Cropsey, comps., *Historia de la filosofía política*, trad. *op. cit.*, pp. 490 y 494.

surge la defensa de la democracia directa en la que el electorado vota a favor o en contra de determinadas leyes o políticas en lugar de sólo votar por representantes. Rousseau es identificado como el padre de las ideas democráticas modernas precisamente porque estaba en favor de dicha democracia directa y criticaba la representación política.

Para Rousseau únicamente "la voluntad general puede dirigir las fuerzas del Estado de acuerdo con los fines de su institución, que es el bien común",[16] por ello, en un principio rechaza la representación. Más tarde, termina aceptando que, para lograr el bien común, entre la autoridad soberana (pueblo) y el gobierno arbitrario, existe un poder intermedio: los diputados del pueblo. Para el filósofo suizo, la soberanía al ser inalienable no puede ser representada, señala que los diputados del pueblo no pueden ser representantes y son únicamente "comisarios" que no pueden resolver nada definitivamente, hasta que el pueblo ratifique la ley, a riesgo de ser nula si no lo hace. Es claro que pese a consentir la representación parlamentaria por razones de eficacia y necesidad en las grandes ciudades, para Rousseau el pueblo que se da representantes, deja de ser libre y deja de ser pueblo para convertirse en esclavo. Criticó al pueblo inglés, señalando que era libre únicamente durante la elección de los miembros del parlamento.[17]

Por lo anterior, Rousseau opta por un gobierno que no hace las leyes y sólo las aplica o administra. Lo relevante en este contexto, es que Rousseau establece que, para lograr la democracia, la ciudadanía requerirá de "educación cívica", de la "moral privada" y la "religión civil" (como "sentimientos de sociabilidad"), asimismo, para Rousseau la propiedad privada siempre causa desigualdad, por lo que una democracia auténtica presupone una "sociedad sin clases".[18] Se encuentra entonces que, la opinión de la propiedad privada no es muy distinta a la de Marx, quien consideraba necesario abolir la propiedad privada.

---

[16] ROUSSEAU, Juan Jacobo, *El contrato social o principios de derecho político. Discursos sobre las ciencias y las artes. Discurso sobre el origen de la desigualdad*, México, Porrúa, 1992 (Sepan Cuantos), pp. 14-16.

[17] *Ibidem*, pp. 22, 51 y 52.

[18] *Vid.* WOLFF, Jonathan, *Filosofía política. Una introducción*, trad. de Joan Verges I Grifa, Barcelona, Ariel, 2012, pp. 107-110.

Mientras tanto, del otro lado del mundo, Hamilton, Madison y Jay apuntan, en su obra *El Federalista* (escrita bajo el seudónimo de "Publio"), que el régimen republicano pertenece al tipo de gobierno democrático. En la relación que hace Publio, una república difiere de una "democracia pura" sólo en que es un gobierno en el que se da la representación, siendo así, concluye, que la república es una democracia representativa.[19] Los autores de *El Federalista* sostuvieron que los virtuosos y sabios debían traducir los intereses del pueblo para evitar que el pueblo perdiera el control de su gobierno; coincidían en que los representantes, un grupo de élite, debían encargarse de determinar lo que era mejor para la nación. En particular, Hamilton consideró que la multitud que asistía a las asambleas mayoritarias (legislativas) podría conducir a la tiranía, mientras que Madison advirtió que estas mayorías estarían influenciadas por pasiones simples y propensas a tomar medidas perniciosas, por lo que propuso que el Senado debía proteger a la minoría de los opulentos frente a la mayoría tiránica.[20] Queda de relieve cómo la separación de poderes es parte de la evolución de la idea de representación. Sin embargo, las justificaciones del sistema de pesos y contrapesos apuntadas en *El Federalista* parecen estar fundadas en el temor a que el pueblo, a través del poder legislativo, mismo que predomina en el gobierno republicano, pierda el control.

Hamilton explica que, son los jueces por su autonomía los indicados para determinar nulos los actos legislativos contrarios a la Constitución, o para discernir entre dos leyes contradictorias; no obstante, aclara que ello de ningún modo supone una superioridad del poder judicial sobre el poder legislativo, sino que el poder del pueblo es superior a ambos y cuando una ley es contraria a la Constitución que contiene la voluntad del pueblo, el juez debe

---

[19] *Vid.* DIAMONT, Martin, "El Federalista (1787-1788)", en Leo Strauss y Joseph Cropsey, comps., *Historia de la filosofía política*, trad. *op. cit.*, p. 625.

[20] Madison no se refería las minorías definidas como grupos sin poder (definición amplia), o grupos numéricamente minoritarios (definición estricta), ni muchos menos a grupos numéricamente minoritarios y sin poder (definición restringida); sino que se refería a las minorías como el "grupo de los más favorecidos de la sociedad". *Cfr.* GARGARELLA, Roberto, *Nos los representantes*, *op. cit.*, pp. 18, 34, 35, 53-59.

protegerla.[21] La apreciación de Hamilton sobre el control constitucional deja a la reflexión su visión ambivalente sobre el pueblo; por un lado, puede descontrolarse y constituir tiranía y, por otro, es la voluntad del pueblo la justificación de la última interpretación del poder judicial.

Con lo anterior, queda de relieve como el sistema representativo fue diseñado a partir de presupuestos elitistas; admitidos, precisamente, por la idea de que las mayorías no estaban capacitadas y tendían a dejarse llevar por las pasiones. El problema para Publio es la idea de que, la gran masa de los pequeños propietarios y de los que no son propietarios pueden violar los derechos de otras personas. Para ello, Publio encuentra la solución en las divisiones políticas que impiden la organización y el concierto de las mayorías, en síntesis, apunta: "la lucha de los diversos intereses oculta la diferencia entre pocos y muchos".[22] Para Publio la pluralidad desdibuja las exigencias de la sociedad. Contrariamente a esta última idea, es bien sabido que la diversidad correctamente empleada, es decir, el pluralismo de intereses, valores e ideas, junto con la deliberación y el acuerdo, es el eje para la conquista derechos sobre la base de la justicia y el bien común.

La tensión que los muchos, la mayoría o el populacho causa, también, fue analizada por Tocqueville, quien apunta: "en la democracia la sociedad se tiraniza a sí misma" llegando a caer en un "despotismo blando".[23] Esto es así para el pensador, dado que la mayoría de las personas abandona su libertad (a cambio de comodidades modestas que no alcanzarán para todas las personas) y carecen de la capacidad de llegar a convicciones racionales por falta del cultivo del conocimiento y desinterés. Sin embargo, para Tocqueville la democracia tiene arreglo: se debe fomentar el bien común y la conciencia de que cada persona depende de cada uno de los demás.[24]

---

[21] *Cfr.* Hamilton, Alexander *et al.*, *El Federalista*, trad. de Daniel Blanch y Ramón Maíz, Madrid, Akal, 2015, pp. 349-551.

[22] *Vid.* Diamont, Martin, "El Federalista (1787-1788)", *op. cit.*, pp. 636.

[23] Zetterbaum, Marvin, "Alexis de Tocqueville (1805-1859)", en Leo Strauss y Joseph Cropsey, comps., *Historia de la filosofía política*, trad. *op. cit.*, p. 724.

[24] *Idem.*

En ese sentido, luchar contra un individualismo desbordado e insaciable de comodidades materiales por parte de los representados es otro de los problemas que se incorporan a la democracia, ahora en su versión representativa. Y aquí queda claro que no solamente los representantes generan peligros a la democracia.

Otro de los filósofos más destacados en tema de la representación es Stuart Mill, quien, siguiendo las ideas de Hare, propone un modelo constituido bajo el principio de representación proporcional (el modelo de representación personal). Este modelo opera de la siguiente forma: cuando se acredita a un candidato el número suficiente de votos, el resto de los votos para él va a parar a las elecciones segundas, terceras y subsiguientes. En este sistema cada voto cuenta.[25]

De esa forma, Mill plantea un sistema representativo de equilibrio de los intereses, que evite que algunos de los intereses de clase sean tan poderosos para llegar a prevalecer sobre la justicia. Lo que buscó, fue incorporar minorías instruidas que defendieran el interés público. En caso no lograr equilibrios con este sistema, prevé que la mayoría dominante sea controlada por una segunda Cámara (con miembros propuestos por la asamblea de representantes) encargada de moderar la democracia en favor tanto de la mayoría, como de la minoría.[26]

Asimismo, en la concepción de Mill la asamblea representativa debe vigilar y controlar, ser la arena de opinión del país, lugar de discusión y no acción; por lo que no debe gobernar, ya que esa tarea corresponde a individuos especialmente preparados; tampoco debe legislar, pues esa labor la delega a una Comisión Legislativa especializada, de esa forma, el trabajo de la asamblea, en este ámbito, es aprobar o rechazar los proyectos de ley y asegurarse que las personas que tienen que tomar decisiones en asuntos administrativos sean las personas adecuadas. Mill apuesta por un gobierno de expertos y representantes que supervisen al gobierno. No obstante, para él, la asamblea debe estar constituida por personas

---

[25] *Vid.* Magid, Henry M., "John Stuart Mill [1806-1873]", en Leo Strauss y Joseph Cropsey, comps., *Historia de la filosofía política*, trad. *op. cit.*, p. 748.

[26] *Cfr.* Stuart Mill, John, *Consideraciones sobre el gobierno representativo*, trad. de Carlos Mellizo, Madrid, Alianza, 2001, pp. 71-94, 140-159 y 258.

con "competencia mental" que eviten la aprobación de legislación de clase y abusos de autoridad. Va más lejos y descarta la participación de gobernados con "defectos de la inteligencia" como la ignorancia y "estupidez", porque según él obstruyen un buen gobierno al permitir la elección de malos representantes (de aquellos que más gastan en campaña o que compran electores).[27] Mill llega a las citadas consideraciones no sólo por una cuestión práctica, sino porque piensa que una democracia sin freno puede ser tan tiránica como una monarquía absoluta. En este caso el peligro ya no es el pueblo, sino el gobierno sin límites.

Con referencia a lo anterior, evidentemente, el desconocimiento no debe ser un impedimento para votar, sin embargo, sí constituye un obstáculo y una limitación al buen funcionamiento del sistema representativo. Lo ideal es que cada persona adquiera las habilidades idóneas y participe. En ese sentido, el cuestionamiento sobre quiénes deberían votar y sobre qué motivación debe prevalecer (intereses particulares o bien común o mixta) constituye uno de los debates más frecuentes en la filosofía política. De cualquier forma, con Mill se fue consolidando la idea de representar a las minorías, aunque el hecho de darles representación no garantiza que tendrán un campo de acción y ahí surge otro problema, ya que las mismas pueden ser cooptadas por las mayorías.

Otra de las aportaciones de Mill consiste en apuntar que todas las personas pueden y deben participar en los asuntos públicos, ya que gracias a la discusión política y a la acción política se produce la "superioridad mental" necesaria para fungir como miembro de la gran comunidad. Sin embargo, el autor hace ciertas exclusiones que considera "positivas", entre ellas considera inadmisible que participen personas que no saben leer ni escribir, ni las operaciones básicas de aritmética, alegando que lo que los excluye de participar es su propia pereza. En contraste, hace una mención especial sobre el sufragio de las mujeres, a quienes considera capaces de pensar por sí mismas. Finalmente, considera que las personas que cuentan con una "superior educación" deben tener el privilegio del voto doble.[28]

---

27 *Ibidem,* pp. 110-128, 140-159 y 258.

28 *Ibidem,* pp. 58, 104, 143 y 184-202.

Ciertamente, no se comparte la idea de restringir el voto de las personas que considera perezosas, así como tampoco se considera viable la idea del voto doble, pues ambos supuestos coartan la libertad y la igualdad y no garantizan la elección de un buen candidato o candidata; en cambio, sí se celebra y reconoce el carácter demócrata de Mill al proponer extender a toda la población el derecho a sufragar, incluidas las mujeres.

Ahora bien, en el terreno práctico, por mucho tiempo prevaleció la idea de Schumpeter, para quien el papel del pueblo es sólo crear el gobierno, por tanto, concibe a la democracia únicamente como la oportunidad que tiene el pueblo de "aceptar o rechazar los hombres que han de gobernarle".[29] Esta visión difundida, junto con los claros tintes elitistas con que nace la democracia representativa, provocó una serie de abusos y excesos contra la población.

Para el siglo XX, el parlamento se vio sumamente desgastado por la actuación de representantes que sólo defendían intereses propios,[30] lo que propició el surgimiento de un partido dominante y la preponderancia del Ejecutivo. Como resultado surgieron autocracias de partido único como el nazismo en Alemania o el fascismo en Italia. Afortunadamente, no tardaron en surgir las rectificaciones para revivir el parlamento a través de la participación directa de la sociedad que ya venía pujando.

---

[29] *Vid.* SCHUMPETER, Joseph A., *Capitalismo, socialismo y democracia*, t. II, trad. de José Díaz García, Barcelona, Orbis, 1983, pp. 316 y 362.

[30] Para 1914, Ortega y Gasset señalaba que "los partidos políticos se habían anquilosado, petrificando, y consecuentemente, habían perdido toda intimidad con la nación", por si fuera poco, resaltaba como verdaderamente grave la actuación de todas aquellas corporaciones (periódicos, academias, universidades) que influían en el parlamento y que se prestaban servicios mutuos, por un lado como fiel "resonadora" de los partidos y, por el otro, los partidos acomodaban a su clientela en los más altos cargos administrativos. Para él, tanto gobernantes como gobernados estaban enfermos, por lo que pide dejar de hacer política para comenzar a hacer "la otra política en los pueblos", que conjunta los intereses de los obreros y productores en sindicatos independientes, que despierta la ambición de ser fuertes, de ser ricos, de ser suspicaces frente a la autoridad que abusa, en suma, la "política de Nación frente a política del Estado". Sin embargo, Ortega y Gasset reconoce que el parlamento es "la cima de las instituciones democráticos", por lo que propone buscar equilibrios entre el ejecutivo y el legislativo. *Cfr.* ORTEGA Y GASSET, José, *Antología*, Barcelona, Península, 1991, p. 283-289, 318 y 320.

Kelsen, famoso jurista y filósofo austríaco, buscó democratizar el parlamento para que éste siguiera vigente. Kelsen enfoca la esencia de la democracia en el parlamento,[31] pero acepta la ineficacia, irresponsabilidad y el egoísmo con los que se han conducido los representantes, por lo que plantea una reforma al parlamentarismo a través cuatro vías: el referéndum legislativo del acuerdo parlamentario y no de la ley ya promulgada; la iniciativa popular; el control permanente a los diputados por los grupos de electores ("publicidad"); y la eliminación de la inmunidad de orden judicial de los representantes.[32] Estos mecanismos constituyen todavía en muchas partes del mundo instituciones novedosas que no sólo buscan contrarrestar el talante egoísta de los representantes, sino que en muchas ocasiones buscan consolidarse como mecanismos de apoyo a la función representativa.

Para Kelsen un "principio vital" de la democracia es la garantía de la libertad de pensamiento, prensa, culto, conciencia, ciencia, con lo que el "principio de tolerancia" era simplemente una "regla básica". El filósofo estima que el poder mayoritario de la democracia no es posible sin una minoría oposicionista a la que ha de proteger y en ese sentido ve en la democracia la expresión del "relativismo político". Ejemplifica su anotación con el plebiscito que niega la libertad a Jesús, y concluye: "en la democracia no hay verdad política".[33]

---

[31] Kelsen critica el atribuir, en el sistema presidencial, el Poder Ejecutivo a un presidente no designado por el parlamento, sino elegido directamente por el pueblo, reprocha también la "independencia" del Poder Ejecutivo frente a la "representación del pueblo", es decir frente al parlamento o poder legislativo. Explica que, dicha independencia es un ataque a la soberanía popular, pues al enfrentarse un solo elegido con millones de electores, la idea de representación pasa a un lugar muy secundario. Para Kelsen la República presidencial es una "seudodemocracia de un emperador electivo". Pese a que la crítica se entiende, no se comparte ya que resulta totalmente congruente la idea de que el presidente represente al pueblo que lo elige de manera directa e incluso es más fácil crear un vínculo de representación con una figura nacional que casi todos conocen. *Vid.* KELSEN, Hans, *La esencia y el valor de la democracia*, 2a. ed., trad. de Rafael Luengo Tapia y Luis Legaz Lacambra, Barcelona, Punto Omega, 1977, p. 114 y 115.

[32] *Ibidem*, pp. 64-67, 90.

[33] *Ibidem*, pp. 142, 145, 157-159.

Respecto a lo anterior y abriendo un paréntesis, cabe referir lo que dice Popper sobre el relativismo; apunta que para no caer en un relativismo peligroso que "todo lo tolera" y que puede generar violencia es fundamental utilizar el "pluralismo crítico" como la posición según la cual debe permitirse la competencia de todas las teorías, cuantas más mejor, en aras de la búsqueda de la verdad y con ella de la libertad, ya que, la diferencia y la crítica de los demás permiten descubrir errores.[34]

Ahora bien, actualmente, las democracias modernas se adhieren principalmente al modelo de democracia representativa o democracia liberal, en el que las elecciones sirven para determinar quiénes serán los gobernantes. Asimismo, con el fin de alcanzar más o verdadera democracia se han reavivado los poderes legislativos con el apoyo de la ciudadanía en acciones extraparlamentarias, como las sindicales o en general de la sociedad civil organizada, y con la incorporación de instrumentos de democracia directa, en la que el pueblo vota a favor o en contra de determinadas leyes o políticas, en lugar de sólo por representantes, tales como, la consulta popular (referéndum y plebiscitos) y la iniciativa popular.

Tal vez por razones prácticas sea difícil participar directamente, por ello es fundamental elegir y filtrar aquellos debates y decisiones que más resulten más importantes, así como aprovechar los avances tecnológicos. Otra dificultad está en que quizá no a muchas personas les interesa participar o por el contrario son tantas personas que no se pueden organizar y, por tanto, difícilmente su opinión sea tomada en cuenta y sólo se limiten a secundar decisiones de otros, ya sea de una minoría o de una mayoría.

Como se observa, el análisis sobre la mayoría-minoría y la representación-participación directa está lejos de terminar, por el contrario, al debate y análisis de la democracia deben incorporarse elementos axiológicos como: la justicia, la igualdad, la equidad, la igualdad, el bien común, la paz, entre otros. Tales elementos generan retos en la materialización de la democracia, misma que, pese a todos los vaivenes, sigue siendo considerada como valiosa.

---

[34] *Cfr.* Popper, Karl, *En busca de un mundo mejor*, trad. de Jorge Vigil Rubio, Barcelona, Paidós Ibérica, 1994, pp. 243-258, 261 y 270.

Lo anterior es así porque, la justificación instrumental de la democracia no es suficiente (al señalar instrumental se hace referencia a entender la democracia sólo como un procedimiento para la toma de decisiones que involucra al pueblo). Adicionalmente, la democracia también tiene elementos intrínsecamente valiosos. Ya que en ella se toman mejores decisiones, sino porque hay algo valioso en los procesos democráticos en sí mismos, como expresión de la libertad e igualdad. "La democracia es un modo de expresar un igual respeto para todos".[35] De esta forma, la democracia se relaciona con la dignidad humana. Justamente, como explica Häberle, la forma organizativa de la dignidad humana es la democracia, es decir "el gobierno de los ciudadanos", el pluralismo o la sociedad libre y abierta.[36] Por tanto, es el gobierno de la reflexión y pluralismo crítico.

La articulación decidida entre la democracia y sus complementos axiológicos internos o externos ha implicado una transición del paradigma de la democracia liberal a la llamada democracia constitucional. Para Salazar Ugarte, la democracia constitucional se erige sobre las bases de la concepción procedimental de la democracia y, además, se refuerza con instituciones que provienen de la tradición del constitucionalismo, tales como: la Constitución, el control constitucional, la división de poderes, los derechos fundamentales, partidos políticos, elecciones, órganos de control, garantías institucionales, ciudadanía informada, organizada y vigilante, mecanismos e instituciones orientados a la participación y la rendición de cuentas.[37] Asimismo, las instituciones en su conjunto se articulan sobre la base de principios como el pluralismo y la tolerancia.

La democracia constitucional es un modelo de organización política que persigue dos objetivos: limitar al poder político y distribuirlo entre las personas sobre la base de una garantía efectiva

---

[35] WOLFF, Jonathan, *Filosofía política*, *op. cit.*, pp. 100 y 130.

[36] *Vid.* HÄBERLE, Peter, *El Estado constitucional*, trad. de Héctor Fix-Fierro, Buenos Aires, Astrea, 2007, pp. 81 y 82.

[37] *Cfr.* SALAZAR UGARTE, Pedro, "Un ideal sitiado. La democracia constitucional en Latinoamérica", en *Revista de la Facultad de Derecho de México*, UNAM, Facultad de Derecho, tomo LXIII, núm. 259, enero-junio, 2013, pp. 328,329, 330-331.

de los derechos fundamentales; que, en tanto titulares de derechos, son ellas quienes deben ser las protagonistas de la vida social y no meros electoras del gobierno.[38]

Entre los promotores más destacados de la democracia constitucional está Luigi Ferrajoli, quien es defensor del control constitucional de las leyes, el cual tiene como función primordial defender los derechos fundamentales. En la democracia constitucional los jueces tienen una función política muy relevante porque pueden imponer sus interpretaciones constitucionales a la voluntad política de la mayoría de los ciudadanos y sus representantes.[39] Como se observa, lo señalado por Luigi es un argumento distinto al contenido en el *El Federalista* y se obtiene de un razonamiento sobre los totalitarismos que fueron apoyados por las mayorías en un inicio.

Según Ferrajoli, la democracia constitucional es un modelo producido "entre 1945 y 1949, posterior a la derrota del nazismo y fascismo". Para el italiano, el paradigma de la democracia constitucional se produjo con el carácter rígido de la Constitución (que significa el reconocimiento de que las Constituciones son normas supraordenadas a la legislación ordinaria, a través de la previsión de procedimientos especiales para su reforma y de la institución de control constitucional) y en consecuencia con la sujeción al derecho de todos los poderes, su sujeción al imperativo de la paz, a los principios de justicia y ante todo a los derechos fundamentales.[40]

Cabe decir que, la materialización completa de la democracia constitucional está lejos de lograrse en muchas partes del mundo. En la realidad no se garantiza y asegura el máximo grado de efectividad de los derechos fundamentales; hay racismo, guerra, hambre, explotación y pobreza. La democracia constitucional sigue siendo una promesa incumplida. Al respecto, Ferrajoli advierte que los derechos fundamentales "no caen de lo alto", sino que se adquieren sólo con la presión de los excluidos y dependen de la política y la cultura, de la fuerza de los movimientos sociales y del

---

38 *Ibidem*, pp. 329.

39 *Ibidem*, pp. 332.

40 *Vid*. Ferrajoli, Luigi, *Democracia y garantismo*, 2a. ed., ed. de Miguel Carbonell, trad. de Christian Courtis, Madrid, Trotta, 2010 (Estructuras y Procesos. Derecho), pp. 27-29.

empeño de cada uno.[41] Con esta proposición, la sociedad vuelve a ser protagonista.

Como se ha podido apreciar, la democracia ha experimentado una evolución compleja y ya no es sólo vista como una simple forma de gobierno. Para filósofos como Bilbeny, además de una forma de gobierno (opuesta a la autocracia), la democracia es primero una norma constitutiva del ordenamiento político (Estado) basado en un ordenamiento normativo, porque dice, cómo debe constituirse el ordenamiento. Dado que la paz es el fin inmediato del Estado y la misma se obtiene mediante un compromiso, que constituye la adopción de normas que faciliten el acuerdo. La única forma que asegura la paz es la democracia, entendida como la regla y el resultado del compromiso entre los intereses de la mayoría y de la minoría. De tal forma que, sólo los ordenamientos políticos cuya norma constitutiva es la democracia, son Estados de Derecho. La democracia crea y hace efectivo un Estado de derecho, es su norma constitutiva.[42] Por esta razón, la democracia es una norma que vale por sí misma, lo que no significa que descuide los resultados. Lo idóneo, según la democracia, es obtener los mejores resultados con los mejores complementos axiológicos como la justicia, la equidad, la imparcialidad, libertad, igualdad y la solidaridad.

La democracia es también una norma general de procedimiento de un ordenamiento político de normas (Estado). No dice lo que éste debe hacer sino cómo debe hacerlo. A su vez se apoya de otra norma general de procedimiento: la justicia, misma que dice cómo debe regularse el ordenamiento político, por ello también es una norma regulativa. La justicia es lo que hace "ponderados el significado y el uso de las normas", lo justo es "lo correcto de un modo específico y a la vez complejo".[43]

En la visión compleja y sistémica de Bilbeny, la democracia se complementa con una justicia en sentido procedimental que no presuponga una particular concepción del bien, ya que la democracia está sostenida por la discusión y el acuerdo. La noción procedimental de justicia descarta identificarla con una idea o valor

---

41 *Ibidem*, p. 36, 35-39, 41, 58 y 59.

42 *Vid.* Bilbeny, Norbert, *Filosofía política*, Barcelona, Editorial UOC, 2008, pp. 56, 101, 102, 105, 107, 138.

43 *Ibidem*, pp. 56, 108, 109.

absoluto, pero debe reunir por lo menos las características formales de equidad e imparcialidad. La imparcialidad representa en la justicia una forma de sostener la igualdad estricta en las relaciones sociales, y la equidad implica tratar de un modo igual los casos iguales y de un modo desigual los desiguales, luego de una ponderación sostenida en la dignidad humana. Bilbeny explica que en general deben ser ignoradas todas las diferencias, excepto si la imparcialidad redunda en contra de la igualdad.[44] Esto se vincula con lo ya señalado por Rawls, para quien la justicia es la idea de "la sociedad como un sistema equitativo de cooperación social a lo largo del tiempo".[45]

Asimismo, para Bilbeny las dos normas de preferencia fundamentales o directrices de valor de un Estado democrático y justo son la libertad y la igualdad. Libertad como autonomía, es decir cuando la persona puede vivir bajo su razón o criterio y tiene la libertad de participar y, por tanto, el deber de hacerse cargo de los errores. La igualdad como la exigencia de que no haya discriminación por motivos de naturaleza y de cultura, asimismo, la igualdad tiene que ver con la satisfacción de las necesidades básicas y con un derecho igual al respeto de la dignidad. Cabe destacar que, la democracia no sólo es un método capaz de servir a valores, sino que ella misma responde a un valor tan fundamental como es la libertad, sin dejar de valer en sí misma como procedimiento.[46]

Bilbeny enmarca que libertad e igualdad, como directrices de valor, deben de convivir con el mayor equilibrio posible, pues un gobierno democrático y justo evita los dos extremos que plantea, por un lado, el liberalismo (que sacrifica el fin de la igualdad social por el de la libertad individual) y, por el otro, el igualitarismo (que desestima este valor de la libertad individual en beneficio de la igualdad social).[47] De ahí que el filósofo español, destaque la importancia de la solidaridad como una regla de acción que verifica y extiende particularmente el principio de igualdad, es decir,

---

44 *Ibidem*, pp. 111 y 113.

45 Vergara Carrió, Josep María, "La obra de Amartya Sen", en *Iberian Journal of the History of Economic Thought*, Universidad Complutense de Madrid, vol. 3, núm. 2, 2016, p. 211 [en línea], <https://revistas.ucm.es/index.php/IJHE/article/view/54626>.

46 *Cfr.* Bilbeny, Norbert, *Filosofía política*, *op. cit.*, pp. 115, 119 y 121.

47 *Ibidem*, pp. 121 y 122 y 123.

el principio por antonomasia de la distribución de los derechos, principalmente en los de tercera generación como relativos a la seguridad y calidad de vida.

Como se observa, la materialización de la democracia implica una profunda reflexión y análisis de diversos elementos que interactúan de forma compleja. Es por ello que la democracia directa, es decir, aquella en la que la persona participa sin intermediarios o representantes en las deliberaciones públicas que le afectan, involucra a su vez una gran responsabilidad, trabajo y compromiso. No se trata de participar en las decisiones públicas mecánicamente, porque podría derivar en la elección de malas decisiones. Valadés explica cómo las consultas populares muchas veces han sido utilizadas para legitimar dictaduras como la prórroga del mandato de Sadam Hussein en 2002.[48]

Por otra parte, en la democracia representativa el interés que prevalece para el gobierno del Estado es el interés de la mayoría, pero no el interés de las mayorías del país, sino el interés determinado por sus representantes fiduciarios, es decir, sin mandato imperativo ni carácter revocable. El riesgo aquí es que se produce un gran distanciamiento e incluso separación entre las personas representadas y las personas representantes, al percibir que la democracia se limita sólo a un proceso de selección de dirigentes,[49] que posteriormente son olvidados. Actualmente, son pocas las personas que conocen a sus representantes o que participan en mecanismos de democracia directa; en general la ciudadanía se encuentra volcada hacia a la vida privada.

Como ya se mencionó, también con los mecanismos de participación directa se debe ser escrupuloso. Ignatieff indica que "hasta el proceso más abierto puede producir resultados perversos".[50] En este sentido, se necesita siempre del escrutinio y deliberación de las instituciones y de la sociedad en su conjunto; "la máxima seguridad de una democracia es que las decisiones que se someten a los

---

48 *Vid.* Valadés, Diego, *La Constitución y la realidad. Reflexiones sobre las instituciones públicas de México*, México, Porrúa, 2016, p. 46.

49 *Cfr.* Bilbeny, Norbert, *Filosofía política*, *op. cit.*, pp. 147 y 148. 154.

50 Ignatieff, Michael, *El mal menor. Ética política en una era de terror*, 2a. ed., trad. de María José Delgado, Madrid, Taurus, 2018, p. 27.

filtros de las capas inferiores [...] tienen menos posibilidades de ser erróneas que las se deciden, de una vez y para siempre, en las capas superiores".[51] La democracia brinda la garantía de que todos los derechos dependen de la capacidad de la participación ciudadana, pues al final la protección de los derechos recae en todas las personas. No obstante, el autor advierte que hasta ahora "la fuerza que sustenta la libertad de la mayoría ha sido el coraje intransigente de unos pocos",[52] y no de la participación de la mayoría.

En el mismo sentido, David Runciman denuncia que la "temeridad extraordinaria" con la que a veces suelen actuar los ciudadanos al elegir a pésimos gobernantes, además de constituir una forma de expresar disgusto con el sistema, es también en realidad una manifestación de su confianza en el mismo sistema político, porque creen que sigue siendo capaz de protegerlos de las consecuencias de su decisión por mala que sea. Sin embargo, advierte que al final tal temeridad sí constituye un riesgo, porque se daña y atrofia el gobierno democrático, ya que mientras el sistema intenta evitar el colapso, los peligros siguen creciendo. Por ello, identifica como elemento indispensable a la "inteligencia política afinada" para dirigir el enojo popular hacia las partes del Estado;[53] el autor invita a una participación más amplia y mejor dirigida y sobre todo menos visceral, pensando en los distintos escenarios y haciendo un balance. La utilización de herramientas de transparencia y la rendición de cuentas conforman, sin duda, una participación mejor dirigida y eficaz.

Adicionalmente, y en otro rubro, existen diversas complicaciones de los sistemas de partido y los sistemas electorales. Por ejemplo, en relación con los sistemas electorales, para Popper el candidato que contiende bajo la representación proporcional busca la elección sólo como representante del partido. Si resulta electo lo es principalmente porque pertenece y representa a un cierto partido, de ese modo, su lealtad principal se debe al partido y a su ideolo-

---

[51] *Ibidem,* p. 28.

[52] *Ibidem,* pp. 28, 72 y 79.

[53] *Cfr.* Runciman, David, "¿Es así como se acaba la democracia?", trad. de Luis Gago, en *Revista de Libros*, Madrid, segunda época, 28 de diciembre, 2016 [en línea], <https://www.revistadelibros.com/discusion/es-asi-como-se-acaba-la-democracia>.

gía, no a la gente.[54] Bajo este modelo de representación proporcional los partidos políticos son los protagonistas. La representación proporcional tiene una función determinada y loable, que es la de impregnar pluralismo; no obstante, si no es acompañada por algunos controles puede resultar en la conclusión a la que llega Popper.

Además de la democracia directa y la representativa, existe la democracia participativa, en la que la ciudadanía toma una parte activa en el gobierno y es consultada para resolver cualquier asunto que le afecte,[55] a través de mecanismos como Consejos Ciudadanos Consultivos, Consejos Comunales, Presupuestos Participativos.[56] En la democracia participativa el problema, señala Wolf, está en que "se corre el riesgo de, cuando no de morir de hambre, sí al menos de perder muchos días de trabajo productivo".[57] En el mismo sentido, según Bobbio nada es más peligroso para la democracia que "el exceso de democracia" pues puede provocar la apatía política y la saturación.[58] Bajo el riesgo de la apatía, es claro que los mecanismos de democracia participativa deben llevarse a cabo de forma prudente, precisa y de conformidad con los objetivos para los cuales fueron creados.

La dificultad de materializar la democracia y de evitar los peligros de los diferentes tipos de democracia tiene que ver con su complejidad. Dicha complejidad (en sentido positivo) se debe a que como señala Georges Burdeau "la democracia es una filosofía, una manera de vivir, una religión, y casi accesoriamente, una forma de gobierno".[59] Si bien, la definición mínima de democracia

---

54 *Vid.* Popper, Karl, "La sociedad abierta y sus enemigos. Revisitada", *op. cit.*, p. 170.

55 *Vid.* Wolff, Jonathan, *Filosofía política*, *op. cit.*, pp. 61 y 116.

56 *Cfr.* Cameron, Maxwell A. *et al.*, "Voces y consecuencias: participación directa y democracia en América Latina", en Maxwell A. Cameron *et al.*, eds., *Nuevas instituciones de democracia participativa en América Latina: la voz y sus consecuencias*, México, Facultad Latinoamericana de Ciencias Sociales (FLACSO México)/The University of British Columbia/American University of Washington, 2012, pp. 13 y 24.

57 Wolff, Jonathan, *Filosofía política*, *op. cit.*, p. 119

58 *Vid.* Bobbio, Norberto, *El futuro de la democracia*, trad. de José Florencio Fernández Santillán, México, Fondo de Cultura Económica, 1986 (Política y Derecho), p. 20.

59 Burdeau, Georges, *La democracia. Ensayo sintético*, pról. de Manuel Jiménez de Parga, Barcelona, Ariel, 1960 (Biblioteca de Ciencia Política, 1).

apunta a un conjunto de reglas procesales para la toma de decisiones colectivas, a través del libre debate para la formación de una mayoría,[60] se debe considerar que, en la democracia el elemento fundamental es el pluralismo y no sólo la mayoría. La democracia implica una forma de vida fundada en la dignidad humana en la que interactuaran las mayorías y las minorías, con justicia, libertad, igualdad y solidaridad.

En ese sentido, para Edgar Morin la democracia "es el sistema que instituye la complejidad política",[61] al permitir que la múltiple diversidad de opiniones se exprese y se confronte. Para el filósofo francés, la democracia es una reguladora del conflicto que admite incluso que del mismo surja algo nuevo. Por esa razón, la democracia no sólo debe instaurar la regla del voto periódico de la mayoría, sino también asegurar la protección de las minorías,[62] entendidas como aquellas en situación de vulnerabilidad y no como aquellas minorías opulentas a las que hace referencia *El Federalista*. Resulta fundamental destacar lo anterior en un contexto en el que, de acuerdo con Gutmann los propios gobiernos democráticos fallan "al no proteger a las minorías y reforzar a la cultura dominante".[63]

El mismo Morin destaca que Saint Just solía decir: "Todas las artes han producido maravillas, sólo el arte de gobernar ha producido monstros".[64] Desafortunadamente, incluso en las democracias, los gobernantes lejos de expresar la diversidad de ideas y buscar el bien común, han mostrado la tendencia hacia la búsqueda de privilegios propios y de algunos grupos poderosos o élites. Por esa razón es que surgen una serie de mecanismos para mostrar las diversas ideas, valores e intereses de la sociedad, ya sea a través de asociaciones u organizaciones o de forma directa con herramientas como la iniciativa y la consulta populares.

---

[60] *Vid.* Bobbio, Norberto, *El futuro de la democracia*, *op. cit.*, p. 9.

[61] Morin, Edgar, "Fronteras de lo político", en *Revista de Occidente*, España, núm. 167, 1995 [en línea], <https://pensamientocomplejo.org/?mdocs-file=303>.

[62] *Idem.*

[63] Alcocer Vega, Magdalena, "Amy Gutmann: *Identity in democracy*, Princeton, Princeton University Press, 2003", reseña, en *Foro Interno. Anuario de Teoría Política*, Universidad Complutense de Madrid, vol. 5, 2005, p. 153 [en línea], <https://revistas.ucm.es/index.php/FOIN/article/view/FOIN0505110153A/8062>.

[64] Morin, Edgar, "Fronteras de lo político", *op. cit.*

Sin embargo, la democracia representativa es la que domina en el plano estatal, en virtud de ello, es esencial no perder de vista la actuación del gobierno y vigilar que las decisiones sean el reflejo del pluralismo fundado en la dignidad humana. Afortunadamente, en la democracia la ciudadanía puede llamar a cuentas a los gobernantes por sus actos en el dominio público, a través de la opinión pública, el juicio político, el control de constitucionalidad y convencionalidad e incluso con mecanismos de carácter internacional para proteger los derechos humanos o fundamentales (los derechos humanos constitucionalizados).

En ese contexto, para Häberle en la democracia cívica pluralista todos los ciudadanos son guardianes de la Constitución, ya que pueden interponer recursos constitucionales; todos los órganos estatales están sujetos a la Constitución, la desarrollan y la defienden, pero, sobre todo "la Constitución es defendida en la profundidad cultural",[65] cuando la ciudadanía tiene la voluntad de interpretarla, cumplirla y defenderla. "[...] en una democracia, la interpretación constitucional tiene que ser [la consecuencia] de una conversación horizontal, colectiva e inclusiva, y no una imposición 'desde arriba'".[66] De ahí la importancia de desarrollar una cultura constitucional democrática y pluralista.

Para Häberle, la forma organizativa de la dignidad humana es la democracia, es decir, el gobierno de los ciudadanos, el pluralismo o la sociedad libre y abierta de intérpretes constitucionales es el lineamiento fundamental o principio constitutivo de la Constitución de tipo democrática.[67] Häberle aporta un modelo de democracia pluralista basado en la fuerza de la Constitución cultural, fundado justamente en las realidades de cada uno de los intérpretes de la sociedad y también de los grupos, tales como los partidos políticos, grupos de interés, etcétera. Ahí converge tanto lo individual como lo social.

---

[65] *Vid.* HÄBERLE, Peter, *El Estado constitucional*, *op. cit.*, pp. 431 y 437.

[66] GARGARELLA, Roberto, "¿Por qué nos importa el diálogo? 'La cláusula del 'no obstante', 'compromiso significativo' y audiencias públicas un análisis empático pero crítico", en *Revista del Centro de Estudios Constitucionales*, México, año III, núm. 5, julio-diciembre de 2017, pp. 161 y 164.

[67] *Vid.* HÄBERLE, Peter, *El Estado constitucional*, *op. cit.*, pp. 327, 328 y 431.

Cabe aclarar que, el pluralismo y la democracia son dos frentes distintos pero complementarios, se requiere tanto de la distribución del poder (pluralismo), como del "control del poder de abajo hacia arriba, y en el mismo nivel" (democracia).[68] Su unión da como resultado a una democracia pluralista, en ella existen diversos grupos y todos los niveles están en mutua competencia y control, desde grupos consolidados hasta pequeños comités ciudadanos y, por supuesto, individuos en particular. En la democracia pluralista hay diversas agrupaciones que influyen sobre el aparato gubernamental y alimentan la vida política del país, lo que se considera óptimo, siempre que se equilibren las fuerzas.

Para que dicha unión ocurra se deben sortear grandes retos y dificultades, una de ellas es la baja capacidad organizativa, es decir, cuando no hay una participación grupal ni individual mínima; otra dificultad es la tendencia elitista dominante de algunos grupos y otra más es la simulación del pluralismo democrático.

Pese a la existencia de mecanismos de control del poder y mecanismos de participación, así como de la difusión de la importancia del pluralismo; la democracia coexiste, principalmente, con la apatía del ciudadano indiferente o despolitizado. Según Sartori ese es el "talón de Aquiles de las experiencias democráticas".[69] La ciudadanía no se interesa en temas públicos y no se informa, quizá debido a la paradójica situación de ser confundida por tanta información que circula. Sin duda la desinformación y la sobre información rompen la posibilidad de una sana participación.

Para Bobbio "apatía política" es también fruto de la educación ciudadana, misma que el autor hace coincidir con la cultura política.[70] Cabe aclarar que Bobbio refiere que la apatía es preferible al voto de intercambio de electores maliciosos y a la degradación de

---

[68] *Vid.* Bobbio, Norberto, *El futuro de la democracia*, *op. cit.*, pp. 45-47.

[69] Sartori, Giovanni, *Elementos de teoría política*, trad. de María Luz Morán Calvo, Madrid, Alianza, 2008, p. 347.

[70] Advierte que en la sociedad de masas la única "opinión verdadera", es la de quienes no votan porque parecieron haber entendido que el "rito puede ser pasado por alto sin mayor daño", en una sociedad en la que hay disminución del voto de opinión y aumento del voto de intercambio en el que se buscan favores personales. *Cfr.* Bobbio, Norberto, *El futuro de la democracia*, *op. cit.*, p. 25.

la sociedad. En ese contexto, se entiende el derecho a "ser dejado en paz" del que habla Häberle, identificado como un límite de la democracia.[71] Este derecho evita que los mecanismos de participación operen en decisiones gerenciales, en las que el resultado de las decisiones es previsible y se rigen por las normas establecidas. Sin embargo, también puede ocurrir que se active el derecho a "ser dejado en paz" por tratarse de procesos o decisiones altamente técnicas o especializadas, en las que la ciudadanía decida de manera libre ser dejado en paz por prudencia.

Otro caso en el que la ciudadanía decide ser dejada en paz ocurre cuando su vida se debate entre el desempleo, la inseguridad y la violencia. En este caso resulta poco ético pedir su participación, no obstante, al mismo tiempo, de dicha participación depende el cambio. El riesgo de pedir ser dejado en paz en estos casos es alto. Cualquiera que sea el motivo para ejercer este derecho a ser dejado en paz puede constituir un peligro, dado que la democracia no puede subsistir con la falta de juicio político,[72] porque vive, aunque sea por poco, de la opinión pública de la gente.

Como se observa, son muchas las razones por las que la democracia se considera en crisis. Para Bobbio, si bien la democracia no goza de "optima salud", considera una exageración decir que la democracia está en crisis o al borde de la muerte. Asegura que, si se habla de la democracia desde la realidad, es decir, desde la definición mínima de democracia, será más fácil entender que no está en crisis, sino que "se prometió demasiado".[73]

No obstante, Bobbio sí identifica una degeneración de la democracia: el "poder invisible" ya que incluso llega a estar sobre el "poder visible" y es opuesto a los ideales democráticos al ocultarse. El llamado "poder invisible" es constituido por la mafia, las logias y los servicios secretos no controlados, y, enfáticamente por las oligarquías y las élites que han permanecido en el poder por largos periodos de tiempo. El problema no surge de la existencia misma de dichas élites, ya que una democracia se conforma por la competencia de éstas, siempre y cuando sean legales; la degenera-

---

[71] *Vid.* Häberle, Peter, *Pluralismo y Constitución*, trad. de Emilio Mikunda Franco, Madrid, Tecnos, 2002, p. 100.

[72] *Vid.* Bilbeny, Norbert, *Filosofía política*, *op. cit.*, p. 46.

[73] *Vid.* Bobbio, Norberto, *El futuro de la democracia*, *op. cit.*, pp. 7 y 16.

ción surge cuando existe sólo un grupo de poder que se renueva por la cooptación, que es invisible y que controlan todo y dejan a la ciudadanía de lado, misma que se encuentra sumergida en sus intereses privados.[74] En ese orden también para Habermas, la democracia ahora no es más que una clave de distribución de recompensas conforme al sistema, y por tanto un regulador para la satisfacción de los intereses privados; esta democracia hace posible el bienestar sin libertad.[75]

En relación con las élites, Jacques Rancière explica que el difundido "odio a la democracia" es en realidad un odio que oculta la dominación de las oligarquías estatales e intenta identificar a la democracia con una sociedad apolítica del consumidor indiferente y del individuo consagrado a su felicidad privada.[76] De esta forma, la democracia representativa se ha constituido en un medio para el mantenimiento de las oligarquías y élites poderosas. El "odio a la democracia" desvía del camino a comprender el verdadero contenido de la misma. Para Rancière la verdadera democracia es un proceso de lucha para la ampliación de la esfera pública, es "la acción que, sin cesar, arranca a los gobiernos oligárquicos el monopolio de la vida pública, de la riqueza, de la omnipotencia sobre las vidas".[77] Quizás por esta acción extractiva de la riqueza, para Sen la democracia constituye una necesidad para los países pobres.[78] Si bien la democracia encierra muchos problemas, ciertamente, es la base para empezar a resolverlos.

El apuntado proceso de lucha hace recordar a Mouffe, quien señala que las democracias se encuentran ante un verdadero desafío que sólo podrán afrontar si dejan de engañarse con la posibilidad de un consenso que eliminaría definitivamente el antagonismo.[79]

---

[74] *Ibidem*, pp. 8 y 22.

[75] *Vid.* Habermas, Jürgen, *Problemas de legitimación en el capitalismo tardío*, trad. de José Luis Etcheverry, Buenos Aires, Amorrortu, 1975, pp. 147 y 148.

[76] *Cfr.* Rancière, Jacques, *El odio a la democracia*, trad. de Irene Agoff, Buenos Aires, Amorrortu, 2012, pp. 12, 20 y 80.

[77] *Ibidem*, pp. 81, 136 y 137.

[78] *Vid.* Vergara Carrió, Josep María, "La obra de Amartya Sen", *op. cit.*, p. 211.

[79] *Vid.* Mouffe, Chantal, "Por una política de la identidad nómada", en *Debate Feminista*, UNAM, Centro de Investigaciones de Estudios de Género, año 7, vol. 14: Identidades, octubre, 1996, p. 3 [en línea], <https://debatefeminista.cieg.unam.mx/df_ojs/index.php/debate_feminista/article/view/326/263>.

La filósofa insta a ver que la democracia no puede sobrevivir sin cierto nivel de consenso, pero requiere también la constitución de identidades colectivas en torno a posiciones bien diferenciadas.[80]

Para Mouffe no existen diálogos libres de coerción, en lo político siempre está presente el conflicto; el mismo pluralismo implica la existencia de antagonismos y de relaciones de poder, pero estas deben ser resueltas por una dinámica "agonística", es decir, entre adversarios que resuelven sus disensos gracias a la articulación entre lo universal y lo particular que va surgiendo de las interpretaciones en la sociedad y fundamentadas en la idea de un bien común por encima del interés privado y como condición necesaria para el goce de la libertad individual.[81] De esa forma, el conflicto, la lucha y los desacuerdos son inherentes y necesarios en la democracia. Por su parte, Sandel agrega que, para revigorizar a la democrática, debe prevalecer el camino hacia un discurso público que honre el pluralismo y se comprometa con los desacuerdos, en lugar de evitarlos[82] y de esa forma transitar a consensos.

En síntesis, se requiere construir una democracia pluralista para generar cambios sustentados en el consenso, mediante la fusión de la democracia representativa, directa y sobre todo participativa. Wright apunta que en una democracia se necesitan dos elementos: "públicos con expresión y cultura, y jefes políticos que, si no son hombres de razón, son al menos razonablemente responsables ante los públicos cultos que existen".[83] Lo anterior resulta ciertamente valido, ya que la democracia representativa se complementa con mecanismos de democracia participativa como las audiencias públicas ciudadanas, que conectan a los representantes con representados en un ambiente de diálogo.

---

[80] *Ibidem*, p. 8.

[81] *Cfr.* Mouffe, Chantal, *El retorno de lo político. Comunidad, ciudadanía, pluralismo y democracia radical*, trad. de Marco Aurelio Galmarini, Barcelona, Paidós, 1999, pp. 185, 190, 199, y 207.

[82] Sandel, Michael, "Right-wing populism is rising as progressive politics fails – is it too late to save democracy?", en *The New Statesman*, 21 mayo, 2018, p. 35 [en línea], <https://www.newstatesman.com/2018/05/right-wing-populism-rising-progressive-politics-fails-it-too-late-save-democracy>.

[83] Wright Mills, Charles, *La élite del poder*, trad. de Florentino M. Torner y Ernestina de Champourcin, México, Fondo de Cultura Económica, 1987 (Obras de Sociología), pp. 320, 327 y 334.

La idea de perfeccionar la democracia representativa con la participativa es congruente y análoga a la idea de complementación ("equilibrio prudencial") de la llamada democracia liberal con la democracia republicana que propone Ambrosio Velasco.[84] La democracia liberal es aquella en la que la ciudadanía se limita, en el mejor de los casos, a elegir representantes y es sujeto pasivo de derechos u obligaciones. Estos riesgos antidemocráticos se reducen con la democracia republicana, ya que en ésta la ciudadanía participa para legitimar las decisiones gubernamentales y los derechos colectivos ponen límites a los individuales, y recíprocamente.[85]

Ahora bien, para llegar a consensos, Habermas sostiene que es necesario realizar una correcta exposición de argumentos, a fin de lograr un debido entendimiento y así estar en condiciones de concretar acuerdos.[86] De esta manera, la democracia deliberativa surge con base en los planteamientos de la democracia liberal y republicana, no obstante, en la democracia deliberativa es necesaria la existencia de una ciudadanía autónoma con capacidad de diálogo para tomar los acuerdos consensuados y una opinión pública competente en los asuntos públicos.[87]

---

[84] La democracia liberal es aquella en la que la ciudadanía es un sujeto pasivo de derechos u obligaciones, los derechos son universales, el representante es independiente para seguir por interés nacional, hay una identidad cultural homogénea y un predominio del gobierno federal. En la democracia republicana existe un sujeto activo de derecho diferenciales para diversas comunidades, la virtud cívica de los ciudadanos es el fundamento del ejercicio del poder, existe un control del representante por el representado, hay pluralidad cultural y predominio de los gobiernos locales. *Vid.* VELASCO Gómez, Ambrosio, "Democracia liberal y democracia republicana", en *Araucaria. Revista Iberoamericana de Filosofía, Política, Humanidades y Relaciones Internacionales*, Universidad de Sevilla, vol. 1, núm. 1, 1999, p. 80 [en línea], <https://dialnet.unirioja.es/servlet/articulo?codigo=1047627>.

[85] *Ibidem*, pp. 80 y 81.

[86] *Vid.* HABERMAS, Jürgen, *Teoría de la acción comunicativa. I. Racionalidad de la acción y racionalización social*, versión castellana de Manuel Jiménez Redondo, Bogotá, Taurus, 1999, p. 391.

[87] *Cfr.* DOMÍNGUEZ, HÉCTOR, "Democracia deliberativa en Jürgen Habermas", en *Analecta Política. Revista Científica*, Universidad Pontificia Bolivariana, vol. 4, núm. 5, julio-diciembre, 2013, pp. 306 y 324 [en línea], <https://revistas.upb.edu.co/index.php/analecta/article/view/2939>.

El Estado, por su parte, debe abrirse a la ciudadanía. Es importante recordar que al final, es en el ámbito público, en las "funciones estatales" donde surte efectividad la democracia: en la función legislativa dado que implica que el trabajo de las comisiones se realice a puertas abiertas; en la función ejecutiva cuando el interés público penetra en la discrecionalidad administrativa para lograr ir más allá de cualesquiera intereses privados; y, en la función judicial con ayuda de lo público, especialmente de la crítica científica y académica, pero también con la participación ciudadana, dado que sólo así la minoría judicial se convierte en mayoría.[88]

Además de la apertura, el Estado debe, junto con la ciudadanía, establecer límites indispensables, al grado que George Crowder anota: "la democracia sin límites equivale a la tiranía de la mayoría".[89] Por ejemplo, uno de los límites es el relacionado con la reforma a las llamadas "disposiciones intangibles" que tienen como fin librar de cualquier modificación a determinadas normas constitucionales que protegen a los derechos fundamentales.[90] No podrá existir acuerdo que deje sin protección a los derechos fundamentales. Adicionalmente, de acuerdo con Hayek dichos límites tampoco son absolutos, sólo generales y aún en esa generalidad cabe la "abstracción" que da lugar a cambios y transformaciones que hacen evolucionar a la civilización hasta alcanzar su actual grado de complejidad.[91]

---

[88] *Vid.* GONZÁLEZ AURIOLES, Jorge Alguacil, "La sociedad abierta de los intérpretes constitucionales y sus consecuencias. Un análisis de la propuesta de Peter Häberle", en *ABZ. Revista de Información y Análisis Jurídicos de México*, núm. 105, 2000, pp. 486 y 488.

[89] CROWDER, George, "Berlin, Isaiah, pluralismo y liberalismo", trad. de José Antonio Fortoul Reyes, en Jorge Giraldo Ramírez, ed. académico, *Isaiah Berlin. Utopía, tragedia y pluralismo*, Medellín, Col., Fondo Editorial/Universidad EAFIT, 2010 (Letra X Letra), pp. 90, 113, 115 y 132-134.

[90] *Cfr.* LOEWENSTEIN, Karl, *Teoría de la Constitución*, 2a. ed., trad. y estudio de la obra de Alfredo Gallego Anabitarte, Barcelona, Ariel, 1976 (Ariel Derecho), pp. 189-194.

[91] *Vid.* HAYEK, Friedrich August von, *Derecho, legislación y libertad. Una nueva formulación de los principios liberales de la justicia y de la economía política*, 2a. ed., trad. de Luis Reig Albiol, Madrid, Unión, 1985, p. 73.

## *II.2. Legalidad y legitimidad*

La legalidad, entendida generalmente como la conformidad de los actos con las leyes, constituye un valor fundamental de la democracia porque garantiza a la ciudadanía el ejercicio de sus derechos y el cumplimiento de sus obligaciones. Asimismo, la legalidad implica que las normas, incluso las del procedimiento de reforma constitucional, puedan ser modificadas y de esa forma actualizadas y mejoradas.

Para Platón el imperio de ley es preferible al imperio sin ley de hombres no sabios ya que las leyes, por malas que sean, de un modo u otro, son el resultado de cierto razonamiento. Además , apunta también que ninguna ley puede ser tan sabia, por lo que debe existir un proceso infinito para mejorar las leyes o contrarrestar la decadencia de las mismas.[92] Al final, Platón exalta el gobierno de las leyes sobre el gobierno de los hombres, ya que el gobierno de los hombres corre el riesgo cierto de llenarse de arbitrariedades, pretensiones personales y la corrupción.

No obstante, los hombres son antes que las leyes. La creación y aplicación de la ley pende de un poder, poder que a su vez pende de la ley. Bobbio señala que "sólo el poder puede crear derecho y sólo el derecho puede limitar al poder";[93] poder y derecho, si bien son dos ámbitos diferentes, son variables o factores interdependientes en la ecuación que les da origen de forma recíproca. Sin embargo, pueden diferenciarse porque existen funciones delimitadas: el derecho no puede existir sin un poder capaz de crearlo, un poder sólo es legítimo, cuando encuentra fundamento en una norma.

Luhmann explica que el sistema de derecho y el político son dos sistemas diferenciados que dependen de "formas particulares de acoplamiento estructural y se encuentran enlazados por medio de ellas". Luhmann concibe a la Constitución precisamente como un "acoplamiento estructural" entre los sistemas jurídico y político, que tiene como función original limitar la política; asimismo, la Constitución acepta diferentes concepciones del mundo en el terreno de la política y obtiene del sistema político el apoyo necesario

---

92 *Vid.* STRAUSS, Leo, "Platón (427-347 a.c.)", *op. cit.*, pp. 83 y 94.

93 BOBBIO, Norberto, *El futuro de la democracia*, *op. cit.*, p. 10.

para ser conservada y asegurada. La Constitución eficaz necesita de la unión entre derecho y política, ya que las constituciones existen como logros reales, en oposición al mero texto, cuando registran decisiones políticas en forma jurídica.[94] Según Luhmann la vinculación entre política y derecho se resumió en el esquema "Estado de Derecho", en el que Estado era simultáneamente una institución jurídica y política que velaba por el desarrollo jurídico y por la adaptación a las "cambiantes circunstancias sociales y a los fines políticos realizables".[95]

Con respecto a lo anterior, cabe señalar que actualmente "Todos los Estados son 'Estados jurídicos' porque fundan su actuación en [un ordenamiento jurídico]; pero sólo algunos Estados incorporan una serie de normas e instituciones específicas que [...] permiten considerarlos [más tarde], como 'Estados de derecho' [o Estados constitucionales']".[96] Sólo en los "Estados constitucionales" la legalidad garantiza la protección de la dignidad de las personas a través de la materialización de sus derechos. Con esta referencia queda claro que la ley y la legalidad son entendidas de forma democrática, ya que tienen que estar soportadas por el ejercicio de los derechos de la sociedad.[97]

---

[94] *Cfr.* LUHMANN, Niklas, *El derecho de la sociedad*, trad. de Javier Torres Nafarrete, México, Universidad Iberoamericana/Herder, 2002, pp. 123 y 145, 151, 153, 178 y 480.

[95] Luhmann indica que, la Constitución como acoplamiento entre la política y el derecho no debe confundirse con aquellas situaciones en donde el sistema jurídico se encuentra expuesto a "intromisiones" y opera en el "Estado de corrupción", es decir, cuando el sistema simula legalidad permitiendo su subordinación a las élites capaces de imponerse. El derecho entonces es percibido como un "puro instrumento de poder", y a las Constituciones como "un instrumento de política simbólica" que sirven a la política y otras fuerzas sociales, en lugar de limitarlas. En conclusión, la Constitución cumple su función únicamente bajo el supuesto de la "diferenciación" de los sistemas político y jurídico· El hecho de que el derecho y la política se acoplen y den como resultado a la Constitución, no quiere decir que la Constitución funcione sin límites, ya que su función es precisamente limitar la política, pero, siempre en el entendimiento de que la política le da contenido. *Ibidem*, pp. 137 y 138, 540, 549, 551 y 450.

[96] *Cfr.* SALAZAR UGARTE, Pedro, *Democracia y (cultura de la) legalidad*, México, Instituto Nacional Electoral (INE), 2020 (Cuadernos de Divulgación de la Cultura Democrática, 25), pp. 35.

[97] *Ibidem*, pp. 36-41.

A su vez, en Kant la dignidad humana permite que la persona se represente en la ley, es decir, se identifique con ella y produzca la moralidad de las intenciones que de otra manera no serían posibles. En el caso contrario, todo sería "hipocresía" y la "ley sería odiada o despreciada", habría "legalidad", pero no "moralidad" en las acciones. En consecuencia, el hombre sería indigno, porque para Kant el cimiento moral funda un carácter y "enseña al hombre a sentir su propia dignidad, da fuerza al espíritu, independencia y le permite encontrar "la naturaleza del alma". Para el filósofo prusiano la dignidad humana es "una fuerza motriz poderosa en la observación de las máximas morales y es el único incentivo para el bien".[98] Como se observa la legalidad garantiza la dignidad humana y a su vez la dignidad humana es lo que permite que la persona se represente la ley y la cumpla.

Ahora bien, la legalidad vista desde otro ángulo es un medio para el Estado. El Estado utiliza diversos medios para tratar de organizar a la sociedad y tener eficacia sobre ésta. Los medios son: la cohesión (unidad de la sociedad política), la centralización (distribución jerárquica de la administración y la justicia sobre un único eje de funcionamiento), la coacción ("derecho a la fuerza está para hacer cumplir a la fuerza el derecho"), la autoridad (poder de reconocimiento ante sus destinatarios-derecho de recibir algo del gobernado) y la legalidad (la conformidad de sus actos a leyes).[99]

La ley es un conjunto de normas de acción, para resolver conflictos, que sirve a su vez como la principal fuente para otras normas, pues se trata del único conjunto de normas que, al estar basado en la razón, vincula a toda la sociedad y de ahí su carácter universal. Dicho carácter universal implica que el Estado es el único orden facultado para promulgar, aplicar y hacer cumplir las leyes que regulan a la sociedad. Asimismo, el carácter universal refiere que la ley es el medio con que el orden político regula su

---

[98] *Cfr.* KANT, Emmanuel, *Crítica de la razón práctica*, edición bilingüe alemán-español, trad., estudio preliminar, notas e índice analítico de Dulce María Granja Castro, revisión técnica de la traducción de Peter Storandt, México, Fondo de Cultura Económica/Universidad Autónoma Metropolitana-Iztapalapa/ UNAM, Facultad de Filosofía y Letras y Dirección General de Publicaciones y Fomento Editorial, 2001, pp. 125, 126, 137, 140-145.

[99] *Vid.* BILBENY, Norbert, *Filosofía política*, *op. cit.*, pp. 63-74 y 108.

propia actividad. Con lo anterior, Bilbeny explica que aun cuando existan otras organizaciones legisladoras y universales, éstas deberán atenerse a las normas del Estado.[100] Queda de relieve como el Estado encuentra en el derecho su fundamento y la vez un medio. Así es como el Estado u ordenamiento político es al mismo tiempo un orden jurídico.

La importancia de analizar la legalidad como medio radica, primero, en que para la democracia los medios importan tanto o más que los fines y segundo porque en la democracia la legalidad es más que un medio, constituye el modo de evitar el abuso del gobierno de los hombres y de convertir la democracia en autocracia. "Por eso cuando en una democracia se quiebra la legalidad se rompe también casi toda su razón de ser o legitimidad".[101]

Decir que algo es legítimo o que tiene legitimidad implica que no sólo se constituye conforme a leyes (legalidad) sino que además es justo. La legitimidad es la atribución mediante la cual el mismo Estado justifica la formulación de todos sus fines. Estos son, en cualquier forma de ordenamiento, el fin mínimo de una sociedad organizada, y en el ordenamiento político democrático, el fin de la paz, la libertad y la igualdad.[102] La legitimidad se vuelca directamente en el título que posee el poder político que se ejerce legalmente para proponer sus fines. Para Bilbeny "lo importante para la legitimidad del poder político es la acreditación de licitud suficiente, como tal poder, para la formulación de cualquiera de sus fines posibles".[103]

Sin embargo, la legitimidad no siempre fue entendida de forma tan precisa como la entiende Bilbeny (dicha compresión deriva de un análisis de Bobbio que se abordará más adelante). "Tradicionalmente la legitimidad del poder político se ha asociado con la de sus fines",[104] y así surgen las doctrinas voluntaristas fundadas en la voluntad de Dios o del pueblo; las doctrinas naturalistas basadas en la naturaleza como orden racional o fuerza originaria; y, las doctrinas historicistas como reclamo a la fuerza de la tradición o

---

[100] *Ibidem*, pp. 66.
[101] *Ibidem*, pp. 98 y 99.
[102] *Ibidem*, pp. 127-129.
[103] *Ibidem*, p. 128.
[104] *Ibidem*, pp. 129.

al cambio que puede constituirse en el futuro.[105] Como se observa, el tema de la legitimidad tomó una orientación enteramente axiológica o valorativa, se buscaba que el poder estuviera apoyado por alguna justificación ética para poder mantenerse.

Con la llegada del positivismo jurídico, en la segunda mitad del siglo XIX, el problema de la legitimidad cambio. A partir de ese momento, se busca describir las formas históricas de poder legítimo, es decir se ocupa de "las razones de eficacia de las que deriva la legitimidad".[106] Max Weber se ubica en esta orientación que busca comprender cuáles son las razones por las que se forma una relación estable de mandato-obediencia en la sociedad.

En Weber la dominación es precisamente "la probabilidad de encontrar obediencia a un mandato de determinado contenido entre personas dadas".[107] El autor identifica que para consolidar la estructura de dominación se requiere de legitimidad, comprendida esta última como la probabilidad de adhesión o aceptación de los sometidos a una relación de dominación, por tanto, constituye una creencia que refuerza la obediencia. Es decir, la legitimidad valida la constitución y actuación de la estructura de dominación. Por tanto, la dominación depende de su legitimidad.[108]

De acuerdo con las características presentadas en la estructura de dominación, Weber realiza la clasificación de las formas legitimas de dominación: carismática, tradicional y racional. En la dominación carismática la autoridad resulta en un líder valorado a partir de un punto de vista ético, estético o cualquier otro subjetivo atribuible por los dominados. La dominación tradicional se funda en poderes de mando establecidos en tiempos lejanos y considerados honoríficos. En cambio, la dominación racional, también nombrada dominación legítima legal con administración burocrática, se caracteriza por la existencia de un derecho pac-

---

[105] *Cfr.* Bobbio, Norberto, *Estado, gobierno y sociedad. Por una teoría general de la política*, trad. de José Florencio Fernández Santillán, México, Fondo de Cultura Económica, 1989 (Política y Derecho), p. 120-124.

[106] *Ibidem*, p. 124.

[107] Weber, Max, *Economía y sociedad. Esbozo de sociología comprensiva*, ed. preparada por Johannes Winckelmann y nota preliminar de José Medina Echavarría, 2a. ed., México, Fondo de Cultura Económica, 1992 (Sociología y Economía), p. 43.

[108] *Ibidem*, pp. 26, 171 y 699.

tado u otorgado de forma racional.[109] De ahí que para Weber la forma de legitimidad más frecuente es la creencia en la legalidad (la obediencia a preceptos jurídicos positivos estatuidos según el procedimiento usual y formalmente correctos).[110]

Como se observa, la clasificación que realiza Weber atiende a las pretensiones de legitimidad que ha sido usadas a lo largo de la historia por los esquemas de dominación y que generan parte de la obediencia de los dominados. No obstante, estas formas legítimas de dominación, al abordar el carácter primario de legitimación de las estructuras de dominación, se han presentado en la realidad de forma habitualmente mezclada. Es decir, una dominación legítima puede ser al mismo tiempo racional, tradicional y carismática. Adicionalmente, se considera que, en la dominación en la modernidad la legitimidad toma su fundamento en el derecho. De ahí que la legitimidad y la legalidad estén indefectiblemente relacionados.

Ahora bien, además de la orientación axiológica y la pragmática, existe otra orientación procedimental para comprender qué es la legitimidad (y a su vez de la legalidad). Habermas se encuentra en esta última orientación. Para el filósofo, "la legitimidad significa el hecho del merecimiento de reconocimiento por parte de un orden político".[111] En ese sentido, "la legalidad sólo puede engendrar legitimidad en la medida en que [...] se institucionalicen procedimientos jurídicos de fundamentación que sean permeables a los discursos morales".[112]

Destaca que, "la fuerza legitimadora [...] no sólo se comunica a la dominación legal a través de las normas procedimentales [...] de la administración de justicia, sino en mayor grado aún a través de los procedimientos del poder legislativo democrático".[113] Pero, cabe explicar que: "La calidad racional de la legislación [...] no sólo

---

[109] *Ibidem,* pp. 29-31, 170-173, 180-193.

[110] *Ibidem,* pp. 30.

[111] *Cfr.* HABERMAS, Jürgen, *Después de Marx. La reconstrucción del materialismo histórico*, trad. de Jaime Nicolás Muñiz y Ramón García Cotarelo, Madrid, Taurus, 1981, pp. 243 y 244.

[112] *Vid.* HABERMAS, Jürgen, "¿Cómo es posible la legitimidad por vía de legalidad?, en *Doxa. Cuadernos de Filosofía del Derecho*, Universidad de Alicante, núm. 5, 1988, p. 41 [en línea], <https://doxa.ua.es/article/view/1988-n5-como-es-posible-la-legitimidad-por-via-de-legalidad>.

[113] *Ibidem,* p. 44.

depende de cómo trabajan [...] las mayorías elegidas [...] [sino que] depende también del nivel de participación [...] [y] de las oportunidades que abra el espacio público a la participación".[114] Por tanto, la legitimidad del poder es posible por vía de la legalidad, sólo en la medida que se utilizan procedimientos abiertos a reflexiones morales, a concepciones de justicia y a la participación ciudadana. De ahí que, para Habermas, la legitimidad es un proceso comunicativo para llegar acuerdos sobre lo que se considera justo.

Ahora bien, Bobbio tiene un concepto de "legitimidad del poder político que es procedimental y valorativo a la vez"[115] y que deriva de la forma en la que el propio autor comprende la relación entre poder y derecho. Particularmente, en Bobbio la legitimidad es "el atributo del Estado que consiste en la existencia en una parte relevante de la población de un grado de consenso tal que asegure la obediencia sin que sea necesario, salvo en casos marginales, recurrir a la fuerza".[116] Adicionalmente, existe una relación recíproca entre la legalidad y la legitimidad. En el gobernante, la legitimidad es lo que funda su derecho y la legalidad lo que establece su deber; y en el gobernado, la legitimidad del poder es el fundamento de su deber de obediencia y la legalidad del poder es la principal garantía de su derecho a no ser oprimido.[117] "Sin la [legalidad] primera no podrían establecerse los derechos del gobernado y los deberes del gobernante; sin la [legitimidad] no podría haber derechos del gobernante y deberes del gobernado".[118]

Ya sea desde una orientación axiológica, procedimental, o describiendo las formas legítimas de dominación; la legitimidad, en algún punto, presta atención al título para detentar el poder, de tal manera que, la legitimidad está ligada estrechamente al tema de la obtención de la obediencia. Por ello, se dice que una sociedad es gobernable si su gobierno consigue mantener la legitimidad. El debate actual sobre la legitimidad va en el sentido de la existencia

---

[114] *Idem.*

[115] *Vid.* BILBENY, Norbert, *Filosofía política*, *op. cit.*, p. 128.

[116] BOBBIO, Norberto *et al.*, *Diccionario de política*, vol. 2, México, Siglo XXI, 1991, p. 862.

[117] *Vid.* BOBBIO, Norberto, "Sobre el principio de legitimidad", en Alfonso Ruíz Miguel, ed., *Contribución a la teoría del derecho*, Madrid, Debate, 1990, pp. 298 y 299.

[118] *Vid.* BILBENY, Norbert, *Filosofía política*, *op. cit.*, p. 128.

de una crisis de legitimidad y de representación que se confiere a la democracia representativa. En respuesta se ha utilizado la publicidad y el marketing político como una herramienta indispensable para el otorgar legitimidad del poder político.

En torno a la legitimidad, el ideal es establecer un modelo de Estado constitucional, ya que por sus elementos eje (dignidad humana, la democracia pluralista, la soberanía popular, la división de poderes, los derechos fundamentales, la tolerancia, la pluralidad de partidos y la independencia de los tribunales) es sin duda el modelo de Estado que ostenta el mayor grado de legitimidad. Finalmente, es importante apuntar que en el Estado constitucional se encuentran las diversas orientaciones de legitimidad aquí esbozadas (axiológica y procedimental), con ello se concluye que no sólo es posible, sino necesario hacer coexistir dichas orientaciones, sin perder de vista que la legitimidad esta mayormente relacionada con el título para detentar el poder y recibir obediencia.

## *II.3 Soberanía y ciudadanía*

Dimensionar o dar contenido al concepto de soberanía resulta una labor laberíntica con una amplia gama de matices, ya que, a ya que a lo largo de la historia, este concepto ha experimentado múltiples cambios. En ese sentido, se busca de esbozar la evolución y el contenido de la soberanía.

Como apunta Capella, "el concepto de soberanía, acuñado en los siglos XVI y XVII como atributo del Estado-Nación, es un concepto del mundo intelectual 'precapitalista', elaborado a partir de la superioridad del poder de los monarcas absolutos sobre cualquier otro poder en sus reinos".[119] Posteriormente, las revoluciones burguesas que se llevaron a cabo desde finales del siglo XVIII, siendo "el ejemplo más representativo la Revolución francesa de 1789, atribuyeron jurídico-formalmente la titularidad de la soberanía a los pueblos, de ahí el concepto de soberanía popular como la fuente última de legitimación del poder estatal".[120]

---

[119] *Vid.* CAPELLA, Juan Ramón, *Las transformaciones del Estado contemporáneo*, Barcelona, JSTOR, 1991, p. 63.

[120] *Idem.*

En esta primera etapa (siglo XVI) de la idea de soberanía se enmarca Jean Bodin, para quien "la soberanía es el poder absoluto y perpetuo de [la] República".[121] El poder del Rey que detente la soberanía es absoluto porque es responsable sólo ante Dios;[122]; es perpetuo porque es el único que puede hacerse obedecer a la fuerza.[123] Además, desde la visión bodiniana el sujeto titular de la soberanía es el monarca o príncipe que da las leyes y a su vez está obligado a leyes divinas y naturales. Para Bodin la soberanía es un poder básicamente legislativo.

Adelantándose a su tiempo, Francisco Suárez asevera, con relación a la soberanía, que el poder civil que reside en una comunidad (ordenada y formada por todos los hombres y mediante su consentimiento en consenso) proviene Dios y no directamente de la misma naturaleza humana o de los hombres.[124] Entonces, el poder inmediatamente reside en la comunidad y luego reside en el príncipe, ello a partir del consenso de la comunidad. En síntesis, Suárez reconoce que el poder reside en la comunidad y que ella es quien transfiere el poder. Cabe señalar que, dicha transferencia puede invalidarse cuando el pueblo reprueba el ejercicio del poder del rey.[125] Aquí lo interesante es que Suárez sería la base para autores de la ilustración, pero debido a que él quedo en un periodo entre el medievo y la modernidad pasó más o menos desapercibido.

En otro tenor, y acercándose más a periodo de la Ilustración, está Rousseau como uno de los autores más recurridos en temas de soberanía. Detalla que la soberanía es el ejercicio de la "voluntad general" que tiende al interés común, la rectitud y la utilidad pública, a diferencia de la "voluntad de todos" que es la suma de las voluntades particulares; la "voluntad general" es el acuerdo de todos los intereses en búsqueda del bien común. Para el autor, la

---

[121] BODIN, Juan, *Los seis libros de la República*, selección, traducción y estudio preliminar de Pedro Bravo Gala, Madrid, Tecnos, 2006, p. 47.

[122] *Cfr., Idem*, pp. 43-51.

[123] BILBENY, Norbert, *Filosofía política, op. cit.*, p. 76.

[124] *Cfr.* DUSSEL, Enrique, "Origen de la filosofía política moderna: Las Casas, Vitoria y Suárez (1514-1617)", en *Caribbean Studies*, Universidad de Puerto Rico, vol. 33, núm. 2, julio-diciembre, 2005, p. 58 [en línea], <https://www.redalyc.org/articulo.oa?id=39233204>.

[125] *Cfr. Ibidem*, p. 59.

soberanía es "inalienable", por lo que el soberano que es un "ser colectivo" no puede ser representado sino por él mismo. Lo que se transmite es el poder, pero nunca la voluntad; y agrega que la soberanía es también "indivisible", por lo que el poder legislativo, ejecutivo, de impuesto de justicia y de guerra, entre otros, son sólo emanaciones de ella.[126]

Ahora bien, hasta este punto se han abordado los autores clásicos que dieron cimientos a la soberanía desde la filosofía política. No obstante, las aportaciones que realizaron han sido reinterpretadas o modificadas, dando paso a nuevas concepciones, esto debido a que las sociedades actuales han presentado otras problemáticas derivadas de diversos factores como el crecimiento demográfico, el pluralismo, la globalización, las instancias supranacionales, el reconocimiento de derechos humanos, etc.

Bobbio aporta un ejemplo que evidencia lo anterior. El italiano explica que, con base en ideas como la de Rousseau, el modelo ideal del Estado democrático se intentó basar en la soberanía popular, en el pueblo como "unidad ideal", así que fue ideado a imagen y semejanza de la soberanía del príncipe, es decir tomando como base el modelo de una "sociedad monista". Rousseau imaginaba que la soberanía popular funde a la sociedad en un cuerpo colectivo y más o menos homogéneo, pero no explica cómo se concilian el bien común con los diferentes intereses de particulares. Bobbio apunta que, claramente, eso no fue posible porque la sociedad no funciona en una sola dirección y explica como muy pronto la sociedad real de los gobiernos democráticos no tuvo un sólo centro de poder, constituyéndose en una sociedad pluralista,[127] o aparentemente pluralista porque destacaban sólo algunos grupos poderosos que más tarde se convertían en élites.

Por lo anterior, el mismo Bobbio establece que "el concepto de soberanía sirve para indicar el poder de mando en última instancia en una sociedad política; para el filósofo la soberanía pretende ser una racionalización jurídica del poder, en el sentido de transformar la fuerza en poder legítimo, el poder de hecho en poder de

---

[126] *Cfr.* ROUSSEAU, Juan Jacobo, *El contrato social o principios de derecho político*, *op. cit.*, p. 14-16.

[127] *Vid.* BOBBIO, Norberto, *El futuro de la democracia*, *op. cit.*, p. 18.

derecho".[128] Dos elementos destacan de la definición, el primero, consiste en que Bobbio identifica a la sociedad política como pluralista y, segundo, para el autor la soberanía transforma al poder en derecho. La soberanía es un concepto que va de lo político a lo jurídico.

Como se observa, en un principio imperaba la idea de que las personas gobernaban porque fueron nombradas por Dios para hacerlo. Eso explica que, durante largo tiempo existiera una fuerte disputa por la soberanía entre la iglesia y la monarquía. Actualmente, esa idea ya no es aceptable en la mayor parte del mundo. Ahora la soberanía es mayormente vinculada a una visión jurídico-política como la de Bobbio o Bilbeny.

Bilbeny define a la soberanía como "la supremacía en relación con otros órdenes de poder [y señala que] constituye la atribución mediante la cual el Estado justifica la disposición de todos sus medios".[129] Asimismo, no identifica el fundamento de la soberanía con el hecho mismo del poder político. Para el autor español, el fundamento de la soberanía, por la cual dicho Estado tiene la autoridad legal suprema, tiene que ver más con la norma que hace existir al poder político que con éste en sí mismo (poder coactivo).[130] En síntesis, Bilbeny atribuye soberanía a un Estado cuando en su sistema de normas están subsumidas el resto de las normas de la sociedad.

La definición de soberanía vinculada a la norma es más congruente que la tradicional identificación de la soberanía del Estado con la del poder del Estado, por varias razones, entre ellas: la limitación del poder de los Estado derivada de la globalización; la pérdida de eficacia y de legitimidad del Estado; y, los conflictos relacionados con la identidad cultural, entre otras. Desde esta perspectiva, actualmente, la visión más coherente de soberanía es la que se atribuiría a un Estado internacional, es decir una soberanía de la comunidad política internacional.[131]

---

[128] *Vid.* Bobbio, Norberto *et al.*, *Diccionario de política*, op. *cit.*, p. 1483.
[129] *Vid.* Bilbeny, Norbert, *Filosofía política*, *op. cit.*, p. 75.
[130] *Ibidem*, p. 76 y 77.
[131] *Ibidem*, p. 77 y 78.

En ese marco de lo internacional, Luigi Ferrajoli realiza un análisis referente a la soberanía bajo el nombre de *constitucionalismo global.* Ferrajoli expone que a partir de la creación de la *Carta de la Naciones Unidas* (1945) que prohíbe la guerra y la *Declaración Universal de los Derechos del Hombre* (1948) que exalta los derechos humanos, el significado tradicional de soberanía (comprendida como el poder estatal de garantizar su primacía interna ante competidores y externa por medio de la capacidad de autodeterminación del Estado) es inconsistente, ya que tales ideas surgidas de la Carta y la Declaración se convirtieron en límites externos e internos de los poderes de los Estados, y con ello, en las democracias constitucionales no existen ya los poderes absolutos.[132] De ahí la idea de que el constitucionalismo global permite garantizar la paz mundial y la protección universal de los derechos humanos.

En otro análisis sobre este concepto, se considera por algunos autores que la soberanía se encuentra en crisis, ya que la misma se ha visto expuesta a constantes intervenciones sobre todo en determinados ámbitos, tales como el económico, el político-militar y el tecnológico. Así Capella concluye: "los Estados ya no son soberanos supremos de las sociedades que gobiernan".[133] Ante este desenlace, también es útil retomar la visión que propone Ferrajoli y que denomina "constitucionalismo global",[134] ya que puede contribuir a solucionar problemas como: la desigualdad, el terrorismo, conflictos étnicos y la guerra, desde una visión más amplia.

Siguiendo el eje sobre la importancia de los derechos humanos, Jurgüen Habermas concibe la soberanía popular entendiéndola como aquella en la que "los miembros de una comunidad democrática se gobiernan colectivamente por sí mismos".[135] Lo que subyace a

---

[132] *Vid.* FERRAJOLI, Luigi, "Más allá de la soberanía y la ciudadanía: un constitucionalismo global", en *Isonomía. Revista de Teoría y Filosofía del Derecho*, Instituto Tecnológico y Autónomo de México, núm. 9, octubre, 1998, p. 177 [en línea], <https://www.cervantesvirtual.com/portales/doxa/obra/entrevista-a-luigi-ferrajoli-0/>.

[133] CAPELLA, Juan Ramón, *Las transformaciones del Estado contemporáneo*, *op. cit.*, p. 64.

[134] *Vid.* FERRAJOLI, Luigi, "Más allá de la soberanía y la ciudadanía: un constitucionalismo global", *op. cit.*, p. 178.

[135] *Vid.* HABERMAS, Jürgen, "Derechos humanos y soberanía popular: las concepciones liberal y republicana", en *Derechos y Libertades. Revista de Filosofía*

esta idea es la consideración de que los miembros de la comunidad son destinatarios del derecho y, a la vez, autores de éste. Particularmente, para Habermas la conexión entre soberanía popular y derechos humanos consiste en que los derechos humanos son condiciones formales para la institucionalización legal de los procesos discursivos de formación de opinión y voluntad, a través de los cuales la soberanía del pueblo puede ser ejercida. Lo anterior, porque el elemento decisivo no es la letra de las leyes, sino el procedimiento y el discurso empleados para explicarlas y justificarlas.[136] A su vez, los derechos humanos se fundan en el ejercicio de la soberanía popular, ya que son los propios ciudadanos los que participan en la deducción, conquista y mantenimiento de dichos derechos.

Hasta aquí se ha abordado de manera general la evolución de la soberanía y sus principales complejidades, por lo que ahora es menester dar paso al concepto de ciudadanía, mismo que se encuentra íntimamente relacionado con los conceptos ya analizados. La ciudadanía es concebida generalmente como el hecho de participar en el gobierno político. La ciudadanía es el título legal encargado de traducir esta participación como una relación jurídica entre el individuo y el Estado al que pertenece. Esta relación es la del "ciudadano como un sujeto que es titular de deberes y derechos".[137]

El concepto de ciudadanía remonta sus orígenes a la antigua Grecia, con Aristóteles. Para el estagirita el hombre es un animal político por naturaleza (*zoon politikón*) y la ciudadanía se refiere a la posibilidad de participar en la comunidad política, en la deliberación en la asamblea y en la formulación de políticas y leyes. Según Aristóteles los ciudadanos gobiernan y son gobernados a su vez. La función básica del buen ciudadano es cuidar y conservar la asociación política, así el bien común es su preservación.[138] La

---

*del Derecho y Derechos Humanos*, Universidad Carlos III de Madrid, año 2, núm. 3, mayo-diciembre, 1994, p. 215 [en línea], <https://e-archivo.uc3m.es/handle/10016/1496>.

[136] *Ibidem*, p. 230.

[137] Bilbeny, Norbert, *Filosofía política*, *op. cit.*, pp. 179 y 180.

[138] Torres Droguett, Nicolás Andree, "La centralidad de la ciudadanía activa. Reflexiones en torno a Aristóteles, Arendt y Maquiavelo", en *UCMaule. Revista Académica*, Chile, Universidad Católica del Maule, núm. 57, julio-diciembre, 2019, p. 87 y 88 [en línea], <http://doi.org/10.29035/ucmaule.57.83>.

distinción misma entre Estado y sociedad es ajena a pensamiento aristotélico.

Contrario a la idea del *zoon politikon* aristotélico, para Arendt los hombres son a-políticos. La política nace "entre-los-hombres", por lo tanto, fuera del hombre y sólo al interactuar con otros hombres. De ahí que la política, en Arendt, trata del "estar juntos y los unos con los otros de los diversos".[139] Para comprender lo anterior, es importante detallar que para Arendt "la *vita activa* tiene tres dimensiones: 1) labor (se producen bienes de consumo), 2) trabajo o fabricación (se producen bienes de uso) y 3) acción (se crea un espacio común de aparición entre los hombres)".[140] Arendt concede más valor a la acción por corresponder al ciudadano y por tanto a la política, así como a la condición humana de pluralidad, entendida esta última como:

> La pluralidad humana, básica condición tanto de la acción como del discurso, tiene el doble carácter de igualdad y distinción. Si los hombres no fueran iguales no podrían entenderse ni planear ni prever para el futuro las necesidades de los que llegar*á*n después. Si los hombres no fueran distintos, es decir, cada ser humano diferenciado de cualquier otro que exista haya existido o existirá, no necesitarían el discurso o la acción para entenderse.[141]

Arendt plantea que la esencia de la política no es el gobierno, sino el poder como acción concertada y creación del espacio común de aparición entre los hombres.[142] En Arendt la ciudadanía es la aparición en el espacio público en la que el ciudadano participa como "generador del poder en la medida que actúa en conjunto con otros".[143] En suma, la acción ciudadana es la acción política porque la pluralidad es la condición humana propiamente política.

---

[139] ARENDT, Hannah, ¿Qué es la política?, 2a. ed., trad. de Rosa Sala Carbó, México, Paidós, 2019, pp. 44 y 45.

[140] *Cfr.* ARENDT, Hannah, *La condición humana*, trad. de Ramón Gil Novales, México, Paidós, 2016, p. 15, 21 y 22.

[141] *Ibidem*, p. 200.

[142] *Ibidem*, p. 40.

[143] TORRES DROGUETT, Nicolás Andree, "La centralidad de la ciudadanía activa. Reflexiones en torno a Aristóteles, Arendt y Maquiavelo", *op. cit.*, p. 88.

Adicionalmente, en esta idea de ciudadanía, la pluralidad permite comprender a la comunidad política como una diversidad de ideas, intereses y valores que convergen en el espacio público, dejando atrás la idea del pueblo como unidad homogénea.

La citada idea de pluralidad es congruente y se complementa con la visión de Montesquieu del "espíritu general" referente a que el clima, la religión, las leyes, máximas del gobierno, ejemplos de las cosas pasadas, costumbres y estilos gobiernan al hombre y forman dicho "espíritu general". Con ello, Montesquieu hace alusión a la cultura general de un pueblo, ya que pone de relieve el de hecho "para el desarrollo de Roma obraron con mayor fuerza las antiguas costumbres junto con las máximas del gobierno".[144] Así, para Montesquieu, el "espíritu general", compuesto por los usos, costumbres y estilos, en coexistencia con las normas, tiene la fuerza para lograr el desarrollo de un Estado.

La cultura, particularmente, la cultura constitucional, favorece el desarrollo de la ciudadanía democrática en el contexto de las sociedades contemporáneas.

> La cultura constitucional que se requiere para lograr lo señalado es aquella en la que se detonan "cristalizaciones" que mantienen en equilibrio y determinan las modificaciones a la Constitución, cuyo surgimiento se da a través de una amplía interpretación realizada precisamente por la ciudadanía, la que a su vez actualiza las prácticas constitucionales.[145]

En síntesis, la cultura constitucional a la que se hace referencia es pluralista, es decir, la emanada de la diversidad de interpretaciones. Y es así como la visión de pluralidad de Arendt se complementa con la idea de Montesquieu.

Resulta fundamental que la ciudadanía desarrolle una cultura que privilegie el diálogo, la discusión y la deliberación para llegar a acuerdos entre la ciudadanía en la esfera pública. Es importante que la ciudadanía interprete la realidad para poder establecer posibles

---

[144] *Cfr.* Montesquieu, Charles Louis de Secondat (Barón de), *Del espíritu de las leyes*, t. II, Valladolid, Lex Nova, 2008, p. 94-97.

[145] *Cfr.* Häberle, *Peter, Teoría de la Constitución como ciencia de la cultura*, trad. de Emilio Mikunda Franco, Madrid, Tecnos, 2000, pp. 39-41.

soluciones, sin moldes absolutos ni predeterminados, para poder dirimir sus conflictos. Al respecto, la propia Rand establece la centralidad de un principio: "si los hombres quieren tratar unos con otros pueden hacerlo exclusivamente por medio de la razón: a través del diálogo, la persuasión, y el acuerdo voluntario y sin coerción".[146]

Estas ideas de ciudadanía activa y de cultura constitucional son enfoques que buscan difundirse, ya que está más acabado que "la tradicional idea del concepto de ciudadanía [referida a la periódica elección de cargos públicos o] aprobación a desaprobación de las gestiones de las autoridades políticas".[147] No obstante, este enfoque pulido no es el que predomina en la realidad. Desde el siglo XVI, cuando se desarrolló el Estado, la ciudadanía ha sido ignorada por el mismo. El Estado sólo incorpora los intereses de una clase o de un grupo de ciudadanos.[148] Ello tiene su origen en el abandono de los asuntos políticos por parte de la ciudadanía. Desafortunadamente la ciudadanía no ha sido la protagonista en la política y se encuentra aislada ocupada únicamente en sus intereses particulares. Mientras tanto el espacio público está dominado por un conjunto de élites (políticas, económicas, religiosas, militares, etc.) cerradas a la ciudadanía.

Queda claro que el Estado se torna incapaz de satisfacer las necesidades de la sociedad si no existe una ciudadanía activa y responsable, tanto en las organizaciones básicas como las organizaciones más complejas. Una ciudadanía activa se basa en la dignidad de las personas, por el hecho de dotar su condición de persona autónoma con la propia dignidad humana.[149] Ante ello, Kymlicka y Norman han desarrollado una concepción realista de la ciudadanía, la cual requiere un equilibrio entre derechos (el derecho al

---

[146] *Cfr.* RAND, Ayn, "La naturaleza del gobierno", en *Cuadernos de Divulgación del Instituto de Economía de Libre Mercado*, Lima, Perú, 1997 [en línea], <https://objetivismo.org/wp-content/uploads/2017/02/La-Naturaleza-del-Gobierno.pdf>.

[147] *Vid.* CORREA, Enrique y Marcela Noé, eds., *Nociones de una ciudadanía que crece*, Santiago, Chile, FLACSO Chile, 1998 (Libros FLACSO), p. 9 [en línea], <https://www.flacsochile.org/biblioteca/pub/publicos/1998/Libros/002297.pdf>.

[148] *Vid.* FOUCAULT, Michael, "El sujeto y el poder", en *Revista Mexicana de Sociología*, UNAM, Instituto de Investigaciones Sociales, vol. 50, núm. 3, julio-septiembre, 1988, p. 8 [en línea], <https://www.jstor.org/stable/3540551>.

[149] *Vid.* BILBENY, Norbert, *Filosofía política*, *op. cit.*, p. 181.

sufragio, al acceso a los cargos públicos, a la igualdad ante la ley y a recurrir decisiones de la autoridad, etc.) y obligaciones de los ciudadanos, así como considerar las condiciones de posibilidad en las que pueda desarrollarse. Dicho equilibrio encuentra grandes dificultades, sobre todo lo relacionado con las obligaciones (como el pago de impuestos) y responsabilidades (como la participación).

Muchos partidarios de la democracia participativa suponen que la participación política enseñará la responsabilidad; no obstante, Kymlicka y Norman apuntan como "la fe en la función educativa de la participación parece excesivamente optimista". Por otro lado, existe la idea de que la participación de la ciudadanía en la política es un medio para proteger la vida privada. Al respecto, Kymlicka y Norman encuentran más verosímil "el apego a la vida privada como el resultado de su enriquecimiento de la vida privada (la valoración del amor romántico, las crecientes formas de ocio y de consumo, entre otras) que el apego a la vida pública".[150]

Otra idea consiste en identificar una verdadera participación ciudadana sólo a través de las organizaciones voluntarias de la sociedad (iglesias, familia, sindicatos, grupos ecologistas, asociaciones de vecinos, grupos feministas, etc.) donde se busca desarrollar un compromiso mutuo.[151] Aquí Kymlicka y Norman replican que, si bien las asociaciones pueden enseñar las virtudes cívicas, no es ésta su razón de ser.[152] Sin embargo, en la historia existe dos destacables ejemplos en el que sí se consolida directamente la ciudadanía a través de organizaciones voluntarias. El primero, cuando el burgués de la edad media, al no encontrar cabida en la nobleza y clero, comenzó a organizarse en torno a gremios y exige al Estado poder participar en la toma de decisiones. Así, al mismo tiempo esa exigencia se convierte en la lucha por la conquista del sufragio universal a lo largo del XIX y principios del XX.[153]

---

[150] *Vid.* Kymlicka, Will y y Wayne Norman, "El retorno del ciudadano. Una revisión de la producción reciente en teoría de la ciudadanía", en *Cuadernos del CLAEH*, Montevideo, núm. 75, 1996, p. 10 y 11 [en línea], <https://www.researchgate.net/publication/320704341>.

[151] *Ibidem*, pp. 15 y 16.

[152] *Ibidem*, p. 17.

[153] *Vid.* Dworak, Fernando, *El ciudadano y su papel en una democracia liberal*, México, Fundación Friedrich Naumann para la Libertad (FNF México), 2012, p. 6.

El segundo ejemplo, ocurre cuando gracias a grupos feministas surge un cambio radical en la teoría de la ciudadanía al reconocer a las mujeres como sujetos de derechos y obligaciones. Antes de ello no eran reconocidas como ciudadanas. El mismo Rousseau creía que las mujeres eran unos seres subordinados y, al parecer, siempre supuso que el privilegio de la ciudadanía era extensible tan sólo a los hombres.[154] Fue gracias a la primera *ola del feminismo* (1848) que las mujeres lograron la conquista de los derechos político-electorales.[155] Como se observa, el concepto de ciudadanía se ha reivindicado constantemente con la participación de organizaciones voluntarias en pro de la libertad de las personas frente al Estado.

Ahora bien, otra de las ideas destacadas es la de las virtudes requeridas para el ejercicio responsable de la ciudadanía en la vida pública, tales como, respeto de la ley, apertura mental, capacidad de postergar las gratificaciones, la razonabilidad pública, entre otras. Kymlicka y Norman replican que no hay acuerdo en determinar dónde deben aprenderse estas virtudes, ya que se ha dicho que el aprendizaje en la escuela pudiera llevar al cuestionamiento de la vida familiar y religiosa, lo que supone otra dificultad.[156] Al respecto se considera que, una ciudadanía responsable no debería seguir a ciegas lo que la ley o convención dice, sino reflexionar para determinar si la ley o convención está justificada o no.

Al respecto y sin dar mayor detalles sobre lo anteriormente señalado,

> [...] para Häberle el "primer objeto educacional" es enseñar la importancia de valores como la tolerancia, la solidaridad y la idea de que en razón de la dignidad humana todo ciudadano tiene los mismos derechos humanos, para que de esa forma se obtenga ciudadanía a través de la educación pluralista, ya que, sólo el pluralismo podrá formar el camino hacia un "segundo objeto educacional: "el principio democrático" el cual resalta la

---

[154] Wolff, Jonathan, *Filosofía política*, *op. cit.*, p. 110.

[155] *Cfr.* Reverter Bañón, Sonia, "La dialéctica feminista de la ciudadanía", en *Athenea Digital. Revista de Pensamiento e Investigación Social*, Universidad Autónoma de Barcelona, vol. 11, núm. 3, noviembre, 2011, pp. 123-128 [en línea], <https://atheneadigital.net/article/view/v11-n3-reverter>.

[156] *Vid.* Kymlicka, Will y Sue Donaldson, "Animals and the frontiers of the citizenship", *op. cit.*, pp. 17 y 18.

> dimensión activa de los ciudadanos para participar en la vida política a través de las elecciones, consultas y otros mecanismos como las audiencias públicas, las iniciativas populares y las comisiones, mismos que posibilitan la participación política de las personas, lo que resulta en efectivos indicadores que permiten medir el grado de incidencia de la ciudadanía.[157]

Volviendo a las dificultades relacionadas con las responsabilidades de la ciudadanía, Kymlicka y Norman agregan que la ciudadanía no es sólo un *status* legal definido por un conjunto de derechos y responsabilidades, sino que es también una identidad, la expresión de la pertenencia o integración a una comunidad política. Aquí, los autores destacan un problema con la noción de los "pluralistas culturales" que exigen una "ciudadanía diferenciada" que reclaman derechos especiales de representación (en beneficio de grupos desfavorecidos) y derechos multiculturales (en beneficio de inmigrantes y comunidades religiosas). Kymlicka y Norman dilucidan en realidad que ambos derechos constituyen de hecho una demanda de inclusión, con lo que la idea de "ciudadanía diferenciada" es el vehículo para su recepción.[158]

Otro de los reclamos que hacen los "pluralistas culturales" son los derechos de autogobierno, sin embargo, para estos derechos Kymlicka y Norman sí plantean serios problemas, ya que los mismos no parecen cumplir con la función integradora y propicia conflictos para determinar cuál es la comunidad con la cual los ciudadanos se identifican más profundamente. Concluyen que, por esta razón, los Estados multinacionales parecen ser inherentemente inestables.[159] Por tanto, cada Estado multicultural deberá encontrar una fuente de unidad para dar estabilidad al país.

En síntesis, la ciudadanía, más allá de la ideal del ciudadano autónomo y capaz, "es una relación de cooperación, y también ver

---

[157] Peter Häberle, "La ciudadanía a través de la educación como objetivo europeo" (*Revista sobre la Enseñanza del Derecho*, 2006), *apud* Senado de la República, *Gaceta del Senado*, LXIV Legislatura, núm. 55, Tomo I, 18 de noviembre, 2020, p. 136 <https://infosen.senado.gob.mx/sgsp/gaceta/64/3/2020-11-18-1/assets/documentos/gaceta1.pdf>.

[158] *Vid.* Kymlicka, Will y Wayne Norman, "El retorno del ciudadano. Una revisión de la producción reciente en teoría de la ciudadanía", *op. cit.*, pp. 20 y 21.

[159] *Ibidem*, p. 23.

a alguien como conciudadano requiere la capacidad de confiar, comunicar, cooperar y tener proximidad física".[160] Claramente, la construcción de ciudadanía (como forma de interactuar en la diversidad) implica adquirir responsabilidades, competencias ciudadanas, virtudes y un tipo de cultura constitucional democrática. Esta adquisición no será fácil, ya que se enfrenta retos formidables como los bajos niveles educativos, las desigualdades sociales, el desinterés, la falta de un pluralismo democrático, los mecanismos de participación directa ineficaces y el rechazo al ciudadano disidente.

---

[160] KYMLICKA, Will y Sue Donaldson, "Animals and the frontiers of the citizenship", en *Oxford Journal of Legal Studies*, England, vol. 34, núm. 2, 2014, p. 205 [en línea], <https://www.uvic.ca/victoria-colloquium/assets/docs/donaldson-kymlicka%20animals%20frontiers%20citizenship.pdf>.

## *FUENTES REFERENCIADAS*

### *Bibliografía*

ARENDT, Hannah, *La condición humana*, trad. de Ramón Gil Novales, México, Paidós, 2016.

_____, ¿Qué es la política?, 2a. ed., trad. de Rosa Sala Carbó, México, Paidós, 2019.

BILBENY, Norbert, *Filosofía política*, Barcelona, Editorial UOC, 2008.

BOBBIO, Norberto, *Estado, gobierno y sociedad. Por una teoría general de la política*, trad. de José Florencio Fernández Santillán, México, Fondo de Cultura Económica, 1989 (Política y Derecho).

_____, *El futuro de la democracia*, trad. de José Florencio Fernández Santillán, México, Fondo de Cultura Económica, 1986 (Política y Derecho).

_____, "Sobre el principio de legitimidad", en Alfonso Ruíz Miguel, ed., *Contribución a la teoría del derecho*, Madrid, Debate, 1990.

_____ *et al.*, *Diccionario de política*, vol. 2, México, Siglo XXI, 1991.

BODIN, Juan, *Los seis libros de la República*, selección, traducción y estudio preliminar de Pedro Bravo Gala, Madrid, Tecnos, 2006.

BURDEAU, Georges, *La democracia. Ensayo sintético*, pról. de Manuel Jiménez de Parga, Barcelona, Ariel, 1960 (Biblioteca de Ciencia Política, 1).

CAMERON, Maxwell A. *et al.*, "Voces y consecuencias: participación directa y democracia en América Latina", en Maxwell A. Cameron *et al.*, eds., *Nuevas instituciones de democracia participativa en América Latina: la voz y sus consecuencias*, México, Facultad Latinoamericana de Ciencias Sociales (FLACSO México)/The University of British Columbia/American University of Washington, 2012.

Capella, Juan Ramón, *Las transformaciones del Estado contemporáneo*, Barcelona, JSTOR, 1991.

Correa, Enrique y Marcela Noé, eds., *Nociones de una ciudadanía que crece*, Santiago, Chile, FLACSO Chile, 1998 (Libros FLACSO) [en línea], <https://www.flacsochile.org/biblioteca/pub/publicos/1998/Libros/002297.pdf>.

Crowder, George, "Berlin, Isaiah, pluralismo y liberalismo", trad. de José Antonio Fortoul Reyes, en Jorge Giraldo Ramírez, ed. académico, *Isaiah Berlin. Utopía, tragedia y pluralismo*, Medellín, Col., Fondo Editorial/Universidad EAFIT, 2010 (Letra X Letra).

Dworak, Fernando, *El ciudadano y su papel en una democracia liberal*, México, Fundación Friedrich Naumann para la Libertad (FNF México), 2012.

Ferrajoli, Luigi, *Democracia y garantismo*, 2a. ed., ed. de Miguel Carbonell, trad. de Christian Courtis, Madrid, Trotta, 2010 (Estructuras y Procesos. Derecho).

Gargarella, Roberto, *Nos los representantes. Crítica a los fundamentos del sistema representativo*, 2a. ed., pról. de Adam Przeworski, Buenos Aires, Miño y Dávila, 2010.

Häberle, Peter, *El Estado constitucional*, trad. de Héctor Fix-Fierro, Buenos Aires, Astrea, 2007.

_____, *Pluralismo y Constitución*, trad. de Emilio Mikunda Franco, Madrid, Tecnos, 2002.

_____, *Teoría de la Constitución como ciencia de la cultura*, trad. de Emilio Mikunda Franco, Madrid, Tecnos, 2000.

Habermas, Jürgen, *Después de Marx. La reconstrucción del materialismo histórico*, trad. de Jaime Nicolás Muñiz y Ramón García Cotarelo, Madrid, Taurus, 1981.

_____, *Problemas de legitimación en el capitalismo tardío*, trad. de José Luis Etcheverry, Buenos Aires, Amorrortu, 1975.

_____, *Teoría de la acción comunicativa. I. Racionalidad de la acción y racionalización social*, versión castellana de Manuel Jiménez Redondo, Bogotá, Taurus, 1999.

HAMILTON, Alexander *et al.*, *El Federalista*, trad. de Daniel Blanch y Ramón Maíz, Madrid, Akal, 2015.

HAYEK, Friedrich August von, *Derecho, legislación y libertad. Una nueva formulación de los principios liberales de la justicia y de la economía política*, 2a. ed., trad. de Luis Reig Albiol, Madrid, Unión, 1985.

IGNATIEFF, Michael, *El mal menor. Ética política en una era de terror*, 2a. ed., trad. de María José Delgado, Madrid, Taurus, 2018.

KANT, Emmanuel, *Crítica de la razón práctica*, edición bilingüe alemán-español, trad., estudio preliminar, notas e índice analítico de Dulce María Granja Castro, revisión técnica de la traducción de Peter Storandt, México, Fondo de Cultura Económica/Universidad Autónoma Metropolitana-Iztapalapa/UNAM, Facultad de Filosofía y Letras y Dirección General de Publicaciones y Fomento Editorial, 2005 (Biblioteca Immanuel Kant).

KELSEN, Hans, *La esencia y el valor de la democracia*, 2a. ed., trad. de Rafael Luengo Tapia y Luis Legaz Lacambra, Barcelona, Punto Omega, 1977.

LOEWENSTEIN, Karl, *Teoría de la Constitución*, 2a. ed., trad. y estudio de la obra de Alfredo Gallego Anabitarte, Barcelona, Ariel, 1976 (Ariel Derecho).

LUHMANN, Niklas, *El derecho de la sociedad*, trad. de Javier Torres Nafarrete, México, Universidad Iberoamericana/Herder, 2002.

MONTESQUIEU, Charles Louis de Secondat (Barón de), *Del espíritu de las leyes*, Valladolid, Lex Nova, 2008.

MOUFFE, Chantal, *El retorno de lo político. Comunidad, ciudadanía, pluralismo y democracia radical*, trad. de Marco Aurelio Galmarini, Barcelona, Paidós, 1999.

ORTEGA Y GASSET, José, *Antología*, Barcelona, Península, 1991.

POPPER, Karl, *En busca de un mundo mejor*, trad. de Jorge Vigil Rubio, Barcelona, Paidós Ibérica, 1994.

Rancière, Jacques, *El odio a la democracia*, trad. de Irene Agoff, Buenos Aires, Amorrortu, 2012.

Rousseau, Juan Jacobo, *El contrato social o principios de derecho político. Discursos sobre las ciencias y las artes. Discurso sobre el origen de la desigualdad*, México, Porrúa, 1992 (Sepan Cuantos).

Salazar Ugarte, Pedro, *Democracia y (cultura de la) legalidad*, México, Instituto Nacional Electoral (INE), 2020 (Cuadernos de Divulgación de la Cultura Democrática, 25).

Sartori, Giovanni, *Elementos de teoría política*, trad. de María Luz Morán Calvo, Madrid, Alianza, 2008.

Schumpeter, Joseph A., *Capitalismo, socialismo y democracia*, t. II, trad. de José Díaz García, Barcelona, Orbis, 1983.

Strauss, Leo, ¿Qué es filosofía política?, trad. de Juan García-Morán Escobedo, Madrid, Guadarrama, 1970.

_____ y Joseph Cropsey, comps., *Historia de la filosofía política*, trad. de Leticia García Urriza *et al.*, México, Fondo de Cultura Económica, 2020 (Política y Derecho).

Stuart Mill, John, *Consideraciones sobre el gobierno representativo*, trad. de Carlos Mellizo, Madrid, Alianza, 2001.

Valadés, Diego, *La Constitución y la realidad. Reflexiones sobre las instituciones públicas de México*, México, Porrúa, 2016.

Weber, Max, *Economía y sociedad. Esbozo de sociología comprensiva*, ed. preparada por Johannes Winckelmann y nota preliminar de José Medina Echavarría, 2a. ed., México, Fondo de Cultura Económica, 1992 (Sociología y Economía).

Wolff, Jonathan, *Filosofía política. Una introducción*, trad. de Joan Verges I Grifa, Barcelona, Ariel, 2012.

Wright Mills, Charles, *La élite del poder*, trad. de Florentino M. Torner y Ernestina de Champourcin, México, Fondo de Cultura Económica, 1987 (Obras de Sociología).

## *Hemeografía*

Alcocer Vega, Magdalena, "Amy Gutmann: *Identity in democracy*, Princeton, Princeton University Press, 2003", reseña, en *Foro Interno. Anuario de Teoría Política*, Universidad Complutense de Madrid, vol. 5, 2005 [en línea], <https://revistas.ucm.es/index.php/FOIN/article/view/FOIN0505110153A/8062>.

Domínguez, Héctor, "Democracia deliberativa en Jürgen Habermas", en *Analecta Política. Revista Científica*, Universidad Pontificia Bolivariana, vol. 4, núm. 5, julio-diciembre, 2013 [en línea], <https://revistas.upb.edu.co/index.php/analecta/article/view/2939>.

Dussel, Enrique, "Origen de la filosofía política moderna: Las Casas, Vitoria y Suárez (1514-1617)", en *Caribbean Studies*, Universidad de Puerto Rico, vol. 33, núm. 2, julio-diciembre, 2005 [en línea], <https://www.redalyc.org/articulo.oa?id=39233204>.

Ferrajoli, Luigi, "Más allá de la soberanía y la ciudadanía: un constitucionalismo global", en *Isonomía. Revista de Teoría y Filosofía del Derecho*, Instituto Tecnológico y Autónomo de México, núm. 9, octubre, 1998 [en línea], <https://www.cervantesvirtual.com/portales/doxa/obra/entrevista-a-luigi-ferrajoli-0/>.

Foucault, Michael, "El sujeto y el poder", en *Revista Mexicana de Sociología*, UNAM, Instituto de Investigaciones Sociales, vol. 50, núm. 3, julio-septiembre, 1988 [en línea], <https://www.jstor.org/stable/3540551>.

Gargarella, Roberto, "¿Por qué nos importa el diálogo? 'La cláusula del 'no obstante', 'compromiso significativo' y audiencias públicas un análisis empático pero crítico", en *Revista del Centro de Estudios Constitucionales*, México, año III, núm. 5, julio-diciembre de 2017.

González Aurioles, Jorge Alguacil, "La sociedad abierta de los intérpretes constitucionales y sus consecuencias. Un análisis de la propuesta de Peter Häberle", en *ABZ. Revista de Información y Análisis Jurídicos de México*, núm. 105, 2000.

Senado de la República, *Gaceta del Senado*, LXIV Legislatura, núm. 55, Tomo I, 18 de noviembre, 2020, p. 136 <https://infosen.senado.gob.mx/sgsp/gaceta/64/3/2020-11-18-1/assets/documentos/gaceta1.pdf>.

Habermas, Jürgen, "¿Cómo es posible la legitimidad por vía de legalidad?, en *Doxa. Cuadernos de Filosofía del Derecho*, Universidad de Alicante, núm. 5, 1988 [en línea], <https://doxa.ua.es/article/view/1988-n5-como-es-posible-la-legitimidad-por-via-de-legalidad>.

_____, "Derechos humanos y soberanía popular: las concepciones liberal y republicana", en *Derechos y Libertades. Revista de Filosofía del Derecho y Derechos Humanos*, Universidad Carlos III de Madrid, año 2, núm. 3, mayo-diciembre, 1994 [en línea], <https://e-archivo.uc3m.es/handle/10016/1496>.

Kymlicka, Will y Sue Donaldson, "Animals and the frontiers of the citizenship", en *Oxford Journal of Legal Studies*, England, vol. 34, núm. 2, 2014 [en línea], <https://www.uvic.ca/victoria-colloquium/assets/docs/donaldson-kymlicka%20animals%20frontiers%20citizenship.pdf>.

_____ y Wayne Norman, "El retorno del ciudadano. Una revisión de la producción reciente en teoría de la ciudadanía", en *Cuadernos del CLAEH*, Montevideo, núm. 75, 1996 [en línea], <https://www.researchgate.net/publication/320704341>.

Morin, Edgar, "Fronteras de lo político", en *Revista de Occidente*, España, núm. 167, 1995 [en línea], <https://pensamientocomplejo.org/?mdocs-file=303>.

Mouffe, Chantal, "Por una política de la identidad nómada", en *Debate Feminista*, UNAM, Centro de Investigaciones de Estudios de Género, año 7, vol. 14: Identidades, octubre, 1996 [en línea], <https://debatefeminista.cieg.unam.mx/df_ojs/index.php/debate_feminista/article/view/326/263>.

Popper, Karl, "La sociedad abierta y sus enemigos. Revisitada" (publicado originalmente en *The Economist*, 1988), en *Estudios Políticos*, UNAM, Facultad de Ciencias Políticas, tercera época, núm. 7, octubre, 1991 [en línea], <http://dx.doi.org/10.22201/fcpys.24484903e.1991.7.59878>.

Rand, Ayn, "La naturaleza del gobierno", en *Cuadernos de Divulgación del Instituto de Economía de Libre Mercado*, Lima, Perú, 1997 [en línea], <https://objetivismo.org/wp-content/uploads/2017/02/La-Naturaleza-del-Gobierno.pdf>.

Reverter Bañón, Sonia, "La dialéctica feminista de la ciudadanía", en *Athenea Digital. Revista de Pensamiento e Investigación Social*, Universidad Autónoma de Barcelona, vol. 11, núm. 3, noviembre, 2011 [en línea], <https://atheneadigital.net/article/view/v11-n3-reverter>.

Runciman, David, "¿Es así como se acaba la democracia?", trad. de Luis Gago, en *Revista de Libros*, Madrid, segunda época, 28 de diciembre, 2016 [en línea], <https://www.revistadelibros.com/discusion/es-asi-como-se-acaba-la-democracia>.

Salazar Ugarte, Pedro, "Un ideal sitiado. La democracia constitucional en Latinoamérica", en *Revista de la Facultad de Derecho de México*, UNAM, Facultad de Derecho, tomo LXIII, núm. 259, enero-junio, 2013.

Sandel, Michael, "Right-wing populism is rising as progressive politics fails – is it too late to save democracy?", en *The New Statesman*, 21 mayo, 2018 [en línea], <https://www.newstatesman.com/2018/05/right-wing-populism-rising-progressive-politics-fails-it-too-late-save-democracy>.

Torres Droguett, Nicolás Andree, "La centralidad de la ciudadanía activa. Reflexiones en torno a Aristóteles, Arendt y Maquiavelo", en *UCMaule. Revista Académica*, Chile, Universidad Católica del Maule, núm. 57, julio-diciembre, 2019 [en línea], <http://doi.org/10.29035/ucmaule.57.83>.

Velasco Gómez, Ambrosio, "Democracia liberal y democracia republicana", en *Araucaria. Revista Iberoamericana de Filosofía, Política, Humanidades y Relaciones Internacionales*, Universidad de Sevilla, vol. 1, núm. 1, 1999 [en línea], <https://dialnet.unirioja.es/servlet/articulo?codigo=1047627>.

Vergara Carrió, Josep María, "La obra de Amartya Sen", en *Iberian Journal of the History of Economic Thought*, Universidad Complutense de Madrid, vol. 3, núm. 2, 2016 [en línea], <https://revistas.ucm.es/index.php/IJHE/article/view/54626>.

# III. Las transformaciones del Estado contemporáneo

JORGE ROBLES VÁZQUEZ[1]

## *Introducción*

En este capítulo se describen los diversos estudios sobre las transformaciones del Estado, con el objeto de generar las categorías necesarias que permitan un análisis profundo del momento actual, sus problemáticas y posibles soluciones.

Las transformaciones no se pueden analizar de forma lineal, ya que existen evoluciones y regresiones en la vida del Estado; en este sentido, ningún derecho se puede considerar una conquista irrevocable.

Una de las tareas más importantes es evaluar desde la perspectiva filosófica los riesgos y peligros ante los que se encuentra el Estado. El Estado actual vive en una situación de peligro constante derivada del momento histórico social y de los avances tecnológicos del hombre, por ello es necesario su estudio y reflexión y encontrar así el origen de esta crisis.

## *III.1. Visión filosófica de las transformaciones del Estado*

El Estado contemporáneo es resultado de una serie de transformaciones profundas que se han realizado en los últimos 100 años,

---

[1] Doctor, Maestro y Licenciado en Derecho por la Facultad de Derecho de la Universidad Nacional Autónoma de México. Profesor de Asignatura Definitivo en las asignaturas de Filosofía del Derecho y Derechos Humanos, así como tutor del Programa de Doctorado en la División de Estudios de Posgrado en la misma Facultad. Realizó una Estancia Postdoctoral en el Centro de Investigaciones Interdisciplinarias en Ciencias y Humanidades. Es Profesor de Carrera Titular A tiempo completo definitivo en el Colegio de Ciencias y Humanidades, UNAM, Plantel Sur.

cambios que han modificado las bases que nos dejó la modernidad y el liberalismo del siglo XIX. En las primeras décadas del siglo XXI, esos cambios son muy claros y nos marcan indudablemente, ya que nos encontramos en medio de una profunda transformación que aún no termina.

Heller en 1934 en su libro de *Teoría del Estado* afirmaba con claridad las características del Estado:

> El género próximo del Estado es, pues, la organización, la estructura de efectividad organizada en forma planeada para la unidad de la decisión y la acción. La diferencia específica, con respecto a todas las demás organizaciones, es su calidad de dominación territorial soberana. En virtud de la soberanía y la referencia al territorio del poder estatal, todos los elementos de la organización estatal reciben su carácter específico. El Estado es soberano únicamente porque puede dotar a su ordenación de una validez peculiar frente a todas las demás ordenaciones sociales, es decir, porque puede actuar sobre los hombres que con sus actos le dan realidad de muy distinta manera a como lo hacen las otras organizaciones.[2]

Es interesante resaltar un pie de página perteneciente a la obra *Introducción al estudio del derecho* de Eduardo García Máynez, en éste se menciona que la Segunda Guerra Mundial ha provocado una crisis en los conceptos fundamentales de la Teoría General del Estado, sin embargo, en su momento, dichos conceptos se encontraban en revisión. En este sentido, la exposición de su libro se apegaría a "la doctrina más generalmente aceptada en el periodo que precedió a la época actual"[3] (la época de la posguerra). Estos patrones ejemplifican claramente la idea del Estado antes de la Segunda Guerra Mundial la cual transformó la visión de lo estatal.

Rolando Tamayo, por ejemplo, señala que la teoría del Estado tomó sus conceptos de la jurisprudencia dogmática y fue con ese lenguaje con el que aprendió a hablar y a decir frases articuladas;

---

[2] Heller, Hermann, *Teoría del Estado*, ed. y prólogo de Gerhart Niemeyer, versión española de Luis Tobío, México, Fondo de Cultura Económica, 1992 (Política y Derecho), p. 255.

[3] García Máynez, Eduardo, *Introducción al estudio del derecho*, México, Porrúa, 2011, p. 97.

la jurisprudencia constituyó la base de la teoría del Estado, ella suministró los conceptos fundamentales de la *Staatwissenschaft* (ciencia del Estado) y de la *Allegemeine Staatslehre* (teoría general del Estado).[4]

De la época de la Posguerra (1945) hasta nuestros días, el Estado ha sufrido cambios que nos han obligado a repensar la herencia política de Occidente. La idea del Estado de Derecho es netamente un producto moderno cristalizado en los siglos XVIII y XIX, especialmente con las ideas de la ilustración francesa y la tradición intelectual inglesa.

El poder público como resultado de un pacto social es posiblemente una de las principales ideas del pensamiento político moderno, y especialmente la idea de que la ley es resultado de la voluntad soberana del pueblo, que a su vez limita el actuar estatal. Revisando algunos de sus conceptos y desarrollo podemos comprender mejor los cambios actuales que ha sufrido el Estado y apreciar cómo las bases modernas resultan en cierto grado insuficientes para explicar lo contemporáneo de manera integral.

Remontándonos a los orígenes, el Renacimiento implica un cambio de visión del mundo, lo cual tendrá claras repercusiones en las visiones políticas, recordemos que Europa en el siglo XIV y XV se encontraba en plena transformación, con las grandes exploraciones marítimas, la consolidación del poder de los reyes y por supuesto los avances de la ciencia moderna. De igual manera, el poder papal se encuentra ya limitado ante los nuevos monarcas y el cisma de la reforma protestante cambió por completo el panorama de la unidad cristiana europea.

En este momento histórico se gestó el llamado absolutismo, el cual se caracteriza por el poder hegemónico del monarca que concentra facultades ejecutivas, legislativas, militares, e incluso religiosas. Tal es el caso de la unificación española –la monarquía inglesa con la reina Elizabeth– o el paradigmático el rey Luis XIV de Francia.

---

[4] TAMAYO Y SALMORÁN, Rolando, *Elementos para una teoría general del derecho*, México, Themis, 1992, pp. 178-179.

En el siglo XVI, el poder divino de los reyes, en la práctica, implicaba el máximo poder del monarca. Se entendía que el rey sólo respondía de sus actos ante Dios de una manera directa, no ante los tribunales o cortes de los hombres. Se justifica el poder absoluto, para evitar la inestabilidad política derivada de varios factores, como la desunión interior debida a la reforma religiosa o el reconocimiento de una debilidad exterior frente a otros Estados.

En términos prácticos, ante una acusación al monarca, se pensaba que la herejía de rey no era motivo de desobediencia. El poder divino de los reyes justificaba el poder absoluto, sin límites, así como el sustento para la unidad política del Estado.

Siguiendo a Gregorio Peces-Barba, Carbonell comenta la probabilidad de que el Estado absoluto haya sido consecuencia de las exigencias conectadas con el surgimiento de la forma capitalista en la economía y con la emergencia de la nueva clase burguesa; ambas exigían al Estado un marco estable y compartido de seguridad, tanto seguridad física como sobre todo económica, para poder llevar a cabo los intercambios comerciales.[5]

El Estado absolutista se desarrollará en Inglaterra y España, el caso paradigmático es Francia donde los monarcas tendrán el control total en todos los aspectos políticos, como en la creación de leyes o los jueces como extensión del poder.[6]

Este derecho divino de los reyes será un último intento de justificar a la monarquía, la cual estará consolidada para el siglo XVI al XVIII de una manera plena. En los siguientes años se presentará una etapa de crítica a las concepciones absolutistas, dando paso al pensamiento liberal, el cual influirá decisivamente en los grandes cambios de finales del siglo XVIII.

Conceptos como *pacto social*, *sociedad civil*, así como la idea de *República* y *soberanía*, surgen como una necesidad de dar respuesta a los retos que implicará el Estado nación. Si embargo, este fenómeno se presentará en otras naciones de manera tardía, como

---

5 CARBONELL, Miguel, *Una historia de los derechos fundamentales*, México, Porrúa, 2014, p. 32.

6 SABINE, George H., *Historia de la teoría política*, 2a. ed., trad. de Vicente Herrero, rev. de Thomas Landon Thorson, México, Fondo de Cultura Económica, 1992 (Política y Derecho), pp. 291-294.

es el caso alemán o especialmente la Ciudades Estado italianas, las que siglos posteriores alcanzarán su unidad, pero ya con otros elementos teóricos que les darán sustento.

Thomas Hobbes (1588-1679) fue un humanista que tuvo contacto con los grandes pensadores de su momento. Vivió la Revolución Inglesa, por lo que se exilió durante once años en Francia, no obstante, en su obra se aprecia a un hombre comprometido con su momento histórico de gran inestabilidad. Así, encontramos a un Hobbes filósofo, matemático, naturista, político, estas diversas facetas generarán un pensamiento que trascenderá a su tiempo.[7]

La filosofía de Hobbes representa dos cosas relevantes: 1) que la obligación ético-política del soberano con respecto a sus súbditos descansa en la finalidad intrínseca que tiene todo representante, que en la postura política de este soberano significa cumplir con la seguridad de los individuos en la sociedad civil; y 2) la capacidad para hacer leyes tiene un apoyo incondicional si va por el camino de dar seguridad, pero en ningún momento afirma Hobbes una actuación del soberano hacia otro camino o de otro tipo.[8]

La creación normativa tiene un objetivo en la medida que se centra en la idea de seguridad que brinda a los súbditos. De esta manera podemos encontrar un punto básico para empezar a moldear ciertos límites a la actividad estatal.

La idea de límites y potestades para el súbdito, que conserva aun cuando se realice el pacto, encierra la idea de que los derechos son resultado de un proceso social humano. A este respecto, Fernández afirma que el soberano de Hobbes no es un soberano totalmente absoluto, sino que está limitado por la misión para la que fue investido con dicha soberanía –procurar la seguridad del pueblo–.[9]

---

[7] Cruz Gayosso, Moisés *et al.*, *Teoría general del Estado*, México, IURE Editores, 2006 (Textos Jurídicos), pp. 115-116.

[8] Guerrero, Ana Luisa, *Filosofía política y derechos humanos*, México, UNAM, Centro de Investigaciones sobre América Latina y el Caribe, 2002 (Programa Universitario del Libro de Texto), pp. 248-249.

[9] Fernández, Eusebio, *Teoría de la justicia y derechos humanos*, México, Editorial Debate, 1991, p. 155.

Guerrero indica que los derechos a la vida y la seguridad en Hobbes, como antecedente de los derechos humanos del siglo XVIII, están fincados en la idea de que nadie, excepto el soberano, tiene derecho a invadir la propiedad de cada individuo; la esfera privada y la propiedad privada son el centro de la defensa a la seguridad en la vida política o civil.[10] La propiedad no es un derecho absoluto a favor del individuo, sino a favor del Estado mismo como forma de proteger la seguridad del individuo.

Finalmente, Guerrero comenta que si el individuo no obtiene paz, seguridad y bienestar se puede inconformar contra el soberano y queda justificada la rebelión, pero la libertad del individuo en esta teoría jamás podrá avanzar más allá de una concesión del soberano, si éste le proporciona una vida segura y pacífica. Se puede decir que Hobbes brega en la defensa de los derechos de los individuos, pero son derechos que no limitan el poder del soberano cuando éste cumple con darle una vida segura.[11]

El pacto social, que saca a los hombres del estado de naturaleza y crea el poder soberano, el cual puede recaer en una persona o en un cuerpo colegiado, constituirá una de las principales aportaciones de Hobbes al Estado moderno, ya que permite comprender la legitimidad y sustento del Estado como una institución política separada de la religión.

No podemos ver a los derechos humanos en Hobbes como opuestos al Estado, sino simplemente como una obligación del propio poder público derivado del pacto social. El modelo de Hobbes es de corte racionalista, ya que excluyó a Dios como única justificación del poder temporal, y con su pensamiento, la política se reafirma en su independencia de otras disciplinas, sin embargo, justificará el poder absoluto, un modelo teórico acorde con la modernidad galopante en aquellos siglos.

Por otra parte, en la tradición inglesa, John Locke (1632-1704), el Estado se entiende como forma de salir, de superar el estado de naturaleza en que viven los hombres, los cuales tienen por naturaleza tres derechos: vida, libertad y propiedad; de esta forma, se

---

10 GUERRERO, Ana Luisa, *Filosofía política y derechos humanos*, *op. cit.*, p. 257.
11 *Ibidem*, p. 258.

crea la institución llamada Estado, con el objeto de resolver los conflictos que se dirimen por el ejercicio de dichos derechos.

Según Locke, la libertad es el bien básico individual y común que debe ser protegido por la autoridad. El poder se comprende como limitado por los derechos propios de un individuo autónomo que reivindica su libertad de conciencia por antonomasia; lo político y lo jurídico están precedidos por la libertad moral; la autoridad debe justificar su limitación, a diferencia de la propuesta hobbesiana, en la que la libertad es el ámbito de los restringido por el poder político.[12]

La idea de libertad es fundamental, no sólo desde una perspectiva legalista sino también moral, lo que implica una visión de los derechos naturales con una carga moral que sirve como freno del poder público ante posibles excesos de éste.

Locke estima que la libertad religiosa exige un trato igualitario entre religiones y creencias y conduce a que pueda proclamarse la autoridad del individuo, se trata de una libertad negativa que se va equiparando con la libertad de conciencia individual, idea que es madurada desde la reflexión metafísica.[13]

Este punto es interesante ya que la idea de libertad religiosa va de la mano con la laicidad, la cual en el contexto inglés encierra una visión específica del alcance del poder estatal sobre los individuos en la medida que éste respeta por un lado sus derechos y por otro la libertad de creencia individual; lo anterior constituirá uno de los elementos principales de la modernidad política.

La tolerancia en Locke forma parte de la política del Estado, es un referente ineludible para evitar la vulneración de los derechos del individuo. En este contexto es posible considerar el carácter universal de los derechos comunes a todos los hombres. El pensador inglés estima que los disidentes deben gozar de idénticos privilegios que los que no tienen.[14] La tolerancia es un valor fundamental para comprender las democracias modernas, ya que permi-

---

[12] Agudelo Ramírez, Martín, *El problema de la fundamentación filosófica de los derechos humanos*, Bogotá, Temis, 2011, p. 167.

[13] *Idem.*

[14] *Ibidem*, p. 168.

te la participación e integración del pueblo como elemento básico de la actividad política, no obstante la claridad del concepto, no hay que olvidar los problemas para llevarlo a cabo. La tolerancia implica no sólo un reconocimiento recíproco, sino también la comprensión de las libertades mismas para ejercerlas y alcanzar el fin último que es la felicidad.

Los hombres son titulares de unos derechos naturales en cuanto se piensan como propietarios. El contrato social protegería esos derechos del individuo propietario. Según Locke supone como prioridad la preservación de la propiedad y se afirma que el hombre natural es el hombre privado. Éste, apoyado en el derecho de autoconservación, impuesto desde el estado de naturaleza, se reconoce como un sujeto que es dueño de sí, de su realidad corporal y que puede apropiarse de todo aquello que sea producto de su labor.[15]

La idea de propiedad en Locke constituye un derecho por naturaleza, este concepto encierra un fundamento clásico del liberalismo político-jurídico, concepto que se reflejará no sólo en los documentos ingleses modernos, como el *Bill of Rigths*, sino incluso en la Declaración de los Derechos del Hombre y del Ciudadano de Francia (1789), donde se hace referencia, en su último artículo, a la propiedad como un derecho inviolable y sagrado.

El liberalismo de Locke tendrá gran repercusión en la Independencia de los Estados Unidos de América y en la Revolución Francesa, especialmente por la concepción de los derechos naturales inherentes al ser humanos como un freno al poder estatal, constituyendo este punto, un elemento esencial del Estado Liberal.

Otra idea fundamental en torno a la génesis de los derechos humanos, que repercute en la concepción del Estado, será la de universalidad y la concepción misma del proyecto ilustrado desde un plano filosófico, lo que dará sustento a las propias concepciones políticas desde otra perspectiva. La modernidad en el siglo XVIII ha llegado a una madurez y eso se reflejará en el pensamiento racionalista idealista de Kant.

---

[15] *Ibidem*, p. 170.

En el siglo XVI y XVIII encontramos la génesis del pensamiento liberal como una respuesta directa ante las teorías que postulaban el poder absoluto o divino de los reyes. El pensamiento político moderno tiene un claro antecedente en el pensamiento de los teólogos jesuitas españoles, especialmente Suárez y Mariana, sin embargo, las aportaciones que tendrán un efecto decisivo lo constituyen las ideas de Locke, Rousseau y Montesquieu, sin pasar por alto las grandes aportaciones de Kant. El pensamiento liberal sentará sus bases en concepciones como el estado de naturaleza, el origen natural de la ley, así como la idea del pacto social como creador de derechos y del Estado.

I. Kant (1724-1804) constituye uno de los puntos máximos del racionalismo idealista en la filosofía occidental, gracias a su estudio de la razón humana fue posible apreciar sus fortalezas y construcción, así como sus límites, a través de sus diversas obras. De ellas resaltamos las tres críticas: *Crítica de la razón pura* (1781), *Crítica de la razón práctica* (1788) y *Crítica del discernimiento*, también llamada *Crítica del juicio* (1790).

En Kant la separación entre naturaleza y sociedad es un presupuesto para fundamentar la idea de la libertad en un ámbito distinto al natural, pero sin desconocer esta dualidad del ser humano. Sin embargo, la idea de lo natural no encierra un determinismo histórico o social.

El hombre reúne en sí dos reinos: como criatura animal (*homo phaenomenon*) es un punto pequeñísimo y perecedero de la naturaleza externa; como criatura racional (*homo neumenon*) se yergue sobre la naturaleza por cuanto y mediante sus categorías ordena a las apariencias sensibles de la naturaleza en un cosmos y las transfigura por medio de su libertad.[16]

La moral y su cumplimiento se desprende de la misma razón humana, constituyendo un imperativo que establece el *deber ser* del hombre, situación que recoge la ley positiva ya que ésta sólo tiene un sentido por la moral misma. La idea de derecho, como lo

---

16 VERDROSS, Alfred, *La filosofía del derecho del mundo occidental. Visión panorámica de sus fundamentos y sus principales problemas*, trad. de Mario de la Cueva, México, UNAM, 1983, p. 229.

veremos más adelante, no va separada de la moral, debido a que ambos tienen como raíz la razón práctica.

Verdross afirma que el *deber ser moral y jurídico* de Kant no nace de la finalidad del ser humano, sino que le es impuesto al hombre como un imperativo categórico. Para Kant la ley moral no es una ley empírica, sino un *factum* de la razón pura que se revela en él como un legislador originario.[17]

El hombre es un fin en sí mismo –idea recogida de Kant de la tradición cristiana–, sin embargo, el aspecto teleológico kantiano encierra una concepción idealista racionalista donde la libertad y la autonomía son centrales para comprender al ser humano en su aspecto social o civil.

La moralidad es el punto de partida al que se dirige el actuar del ser humano conforme a la razón. Para llegar a esta conclusión, Kant pone en tensión al hombre natural con el hombre moral. En tal sentido, frente a un hombre natural se considera un ser marcado por la autonomía, esto es, un ser en el que resulte determinante la fuerza moral, es allí donde se explica el hombre que puede salir de su minoría de edad. Ese es el ser ilustrado.[18]

La idea de Ilustración implica una nueva forma de entender, no solamente al hombre, sino también a la historia, en donde el ser humano y la sociedad han alcanzado una madurez, un desarrollo gracias a la razón moderna. El hombre ilustrado puede trascender en sí mismo mediante el saber racional, lo que le permite salir del letargo donde se encuentra e ir más allá. El mismo Kant señala claramente: "La ilustración es la liberación del hombre de su culpable incapacidad. La incapacidad significa la imposibilidad de servirse de su inteligencia sin la guía de otro. Esta incapacidad es culpable porque su causa no reside en la falta de inteligencia sino de decisión y valor para servirse por sí mismo de ella sin la tutela de otro.

---

17 *Ibidem*, p. 230.

18 AGUDELO RAMÍREZ, Martín, *El problema de la fundamentación filosófica de los derechos humanos*, *op. cit.*, p. 173.

¡*Sapere aude*! ¡Ten valor de servirte de tu propia razón!: he aquí el lema de la ilustración".[19]

Como ser racional y, por lo tanto, ilustrado, como señalamos anteriormente, no abandona el estado de naturaleza, pero no se encuentra dominado por ella, aun cuando llegue a encontrarse en un status de vulnerabilidad. El hombre, según Kant, es ser natural y racional, confrontándose una prevalencia de las facultades del conocimiento sobre las facultades de la sensibilidad; lo natural se vincula con el estado de lo fenoménico o de lo físico; el hombre es un ser expuesto frente a unas leyes que lo desbordan y lo someten.[20]

Al establecer la dicotomía derecho natural y derecho positivo, Kant establece al derecho natural como una materialización de la libertad humana, lo cual le da un sustento en la razón misma, sin olvidar el derecho legislado fundado en la voluntad del legislador.[21] La concepción de los derechos en Kant va más allá de un simple fundamento naturalista, sólo se entienden en función del derecho legislado que encierra un deber moral.

El iusnaturalismo de Kant no es el de los derechos naturales del estado prelegal ni el de la correspondencia de la razón del hombre con la ley divina, a la manera de Locke o de Santo Tomás, sino el de la razón humana legisladora que debe ilustrar a todo acto de creación del derecho estatutario o positivo.[22]

Alfred Verdross señala que, en la visión kantiana, el derecho consiste en proteger la libertad de los hombres, el único derecho natural subjetivo es la libertad (independencia frente a la voluntad de otro), en cuanto puede coexistir con la libertad de los demás, según una ley universal. Este derecho natural a la libertad es el

---

[19] KANT, Immanuel, "¿Qué es la Ilustración?", *en Filosofía de la historia*, trad. de Eugenio Ímaz, México, Fondo de Cultura Económica, 2013 (Colección Popular), p. 25.

[20] AGUDELO RAMÍREZ, Martín, *El problema de la fundamentación filosófica de los derechos humanos*, *op. cit.*, p. 173.

[21] PLAZAS VEGA, Mauricio A., *Kant: El Newton de la moral y del derecho*, Bogotá, Temis, 2004, p. 99.

[22] *Ibidem*, p. 100.

único derecho originario que corresponde a cada hombre como elemento integrante de la humanidad.[23]

La idea de los derechos se funda en una estrecha relación entre la libertad y la idea misma de universalidad, sólo el hombre ilustrado, que se atreve a pensar, puede concebir la parte moral de la exigencia que encierra la dignidad del hombre, que es el fin último.

Kant afirma como ley universal del derecho: "Obra exteriormente de modo que el libre uso de tu arbitrio pueda conciliarse con la libertad de todos según una ley universal, es, en verdad, una ley que me impone una obligación, pero que no exige de mí el que a causa de esta obligación deba yo sujetar mi libertad a estas condiciones mismas; únicamente la razón dice que éste es el límite asignado a la libertad por su idea, y que de hecho puede ser contenida en él por otro".[24]

La moral es algo autónomo e interior del ser humano, algo que no puede ser puesto por la fuerza, es un producto de la razón; la dignidad del ser humano es el aspecto último, es decir, la teleología kantiana del deber mismo.

Para Kant la dignidad humana se considera desde la libertad, desde la autonomía que se impone en los individuos que han de estar determinados por la ley de su propia acción, sin que el deber moral pueda imponerse coactivamente por la fuerza de un tercero legislador. Como el hombre es un fin, no resulta posible cuantificar; el ser humano es una persona y no una cosa u objeto, y su valor deberá ser considerado en términos de dignidad y no de mercancía.[25]

Smith afirma que la razón aprehende, como una verdad fundamental, el dogma de la libertad del hombre. El hombre, como ser racional, sabe que es libre y a partir de este saber construye su

---

23 Verdross, Alfred, *La filosofía del derecho del mundo occidental*, *op. cit.*, p. 233.

24 Kant, Immanuel, *Principios metafísicos de la doctrina del derecho* (trad. de G. Lizárraga - Abogado del Ilustre Colegio de esta Corte, Madrid, Librería de Victoriano Suárez, 1873), edición facsimilar, México, UNAM, Instituto de Investigaciones Jurídicas, 2019 (Biblioteca Jurídica Virtual), p. 33.

25 Agudelo Ramírez, Martín, *El problema de la fundamentación filosófica de los derechos humanos*, *op. cit.*, pp. 176-177.

personalidad, pero, al propio tiempo, sabe también que los demás son libres por igual; de lo cual se infiere que su conciencia le impone respetar la personalidad de aquéllos, consistentes en su libertad, tal como él exige que sea respetada la suya.[26] Es decir, la idea de dignidad constituye al mismo tiempo el límite y fin de la actividad humana en la perspectiva práctica.

Agudelo Ramírez señala claramente que el fundamento de los derechos humanos podría considerarse en razón del valor intrínseco de la dignidad inmersa en todos los seres humanos, teniendo en cuenta su condición de persona. Se concibe al hombre como un ser insustituible, cuya dignidad se comprende como un valor intrínseco. Desde Kant, la conciencia moral, fuente de la conocida libertad positiva, se erige en juez supremo; la voluntad se afirma en la ley moral, justamente la moralidad implica que toda acción se relacione con la legislación.[27]

La idea de los derechos humanos en Kant es resultado de la concepción misma de la Ilustración, en donde la libertad del hombre y el cumplimiento de las exigencias morales, a través de la ley positiva, permiten el respeto a la dignidad del humano, fin último del deber ser. Para Kant los derechos no son preexistentes al hombre, es la libertad llevada a otro nivel gracias a la razón ilustrada sustento del hombre mismo.

La universalidad en el pensamiento kantiano trasciende una visión meramente material del mundo, proyectándolo desde su idealismo racionalista a todos los hombres, permitiendo una convivencia gracias al derecho, que concilia el arbitrio de uno con el arbitrio del otro mediante una ley universal de libertad.

El Siglo de las Luces, el siglo XVIII constituye el ambiente en el que se desarrollarán dos movimientos políticos fundamentales, por una parte, la Guerra de Independencia de los Estados Unidos de América y, por otra, la Revolución Francesa. Ambos movimientos traerán aportaciones trascendentes al ámbito político.

---

[26] Smith, Juan Carlos, *El desarrollo de las concepciones iusfilosóficas*, 2a. ed., Buenos Aires, Abeledo-Perrot, 1980, p. 119.

[27] Agudelo Ramírez, Martín, *El problema de la fundamentación filosófica de los derechos humanos*, *op. cit.*, pp. 177-178.

En el pensamiento norteamericano encontramos tres grandes elementos: primero, la idea del constitucionalismo moderno; segundo, el federalismo como forma de Estado; y tercero y no por eso menos importante, la Declaración de los Derechos del Pueblo de Virginia de 1776.

Sin embargo, el caso paradigmático de quiebre de las concepciones políticas es la Revolución Francesa de 1789, momento en que la monarquía absoluta es derrocada mediante un movimiento social inspirado en las ideas de la Ilustración.

Con la Revolución Francesa los derechos humanos adquieren carácter *universal* con la Declaración de los Derechos del Hombre y del Ciudadano (1789), con una visión naturalista de estos, la prueba más tangible del rechazo al absolutismo reinante.

En este sentido, la idea misma del poder centralizado es enfrentada a la división de poderes y su temperancia, así como la concepción de que la ley es el resultado de la voluntad popular, voluntad expresada mediante los representantes populares.

La Revolución Francesa implica un cambio radical en la visión de mundo, movimiento que tendrá grandes repercusiones no sólo en Europa, sino en América Latina durante el siguiente siglo, donde se desarrollarán los procesos de independencia. El pensamiento político liberal constitucional será el paradigma emergente del siglo XIX para la construcción de los Estados, aun cuando para alcanzarlo llevará tiempo.

La razón ha triunfado en el mundo político y se convertirá en el referente para la construcción del liberalismo constitucional en el siglo XIX.

Las ideas de Rousseau (1712-1778) influirán notablemente en la Revolución Francesa, pero también en los movimientos independentistas latinoamericanos, los cuales se generarán en las primeras décadas del siglo XIX, especialmente sobresale la idea de la soberanía popular que se utilizó ampliamente para justificar los Estados nacientes en el continente americano.

Verdross precisa que, no obstante, la concepción naturalista de Rousseau no pregonó el retorno de la naturaleza, sino que se preguntó por los supuestos que deben concurrir para que pueda considerarse legítimo a un Estado, habiendo creído siempre que el estado de naturaleza en el que regían la libertad y la igualdad era condición ideal de la humanidad.[28]

La separación de sociedad y naturaleza implica una nueva visión en torno del conocimiento humano, ya que al dividir ambos mundos el derecho se ubica especialmente en lo social. Los derechos, al ser campo de lo social o civil, entran en una nueva dinámica respecto a las concepciones eminentemente naturalistas, ya que adquieren un estatus distinto gracias al contrato social.

Smith señala claramente que el contrato social permite que todos los hombres permanezcan libres e iguales, al tiempo que el Estado, en su función tutelar, garantiza mediante la ley el ejercicio de los derechos. No hay en esta concepción, otra subordinación del individuo que la sujeción a la ley. Mas como la ley es en definitiva la expresión cabal de la voluntad general, resulta que la única subordinación efectiva de los individuos es la subordinación a la forma social de su propia voluntad: la voluntad general, que es la soberanía.[29]

De esta forma los derechos de los individuos entran en una nueva concepción, que es compatible y justificada con la visión contractualista y con un Estado soberano, el cual hace compatible los derechos de los gobernados y la voluntad general.

Fasso comenta que para Rousseau la ley era por su esencia justa y estaba puesta por la infalible voluntad general; por lo demás, es la positivación de la ley natural, al menos en cuanto los derechos subjetivos por ella conferidos son los derechos innatos al hombre, que éste ha enajenado a la comunidad con el contrato social y que la comunidad le ha devuelto garantizados y tutelados como derechos civiles, o sea, positivos.[30]

---

28 Verdross, Alfred, *La filosofía del derecho del mundo occidental*, *op. cit.*, p. 197.

29 Smith, Juan Carlos, *El desarrollo de las concepciones iusfilosóficas*, *op. cit.*, p. 106.

30 Fassò, Guido, *Historia de la filosofía del derecho*, t. 2. La Edad Moderna, trad. de José F. Lorca Navarrete, 3a. ed., Madrid, Ediciones Pirámide, 1982, p. 247.

Las aportaciones de Rousseau tendrán una influencia en la Revolución Francesa, especialmente en la Declaración Universal de los Derechos del Hombre y del Ciudadano de 1789.

No hay que pasar por alto que el Estado liberal, como se ha mencionado anteriormente, trajo consigo la idea de los derechos naturales del individuo, lo cual es fundamental en la concepción del llamado Estado de Derecho durante el siglo XIX y XX. La idea del llamado derecho natural tiene sus raíces desde la antigüedad, especialmente en el mundo griego y romano, donde se considera que existen una serie de derechos y obligaciones porque así han sido determinados por los dioses o la naturaleza misma.

Por lo tanto, esta concepción es de gran tradición en el estudio del derecho occidental y, en lo referente a los llamados derechos humanos, adquieren un papel determinante, principalmente en la modernidad del siglo XVIII.

Lara Ponte señala que la concepción iusnaturalista fue ampliamente corroborada por la historia al evidenciarse la existencia de ciertas categorías universales asociadas a la condición racional del hombre, como la libertad, la igualdad y la seguridad que han fingido desde tiempos inmemorables como verdaderos resortes en la edificación de la cultura universal.[31]

En el mismo sentido Lara Ponte señala la importancia que tiene el reconocimiento de este tipo de derechos por el Estado a través de su normatividad; de esta forma, los derechos humanos, como es sabido, amén de ser concomitantes a la naturaleza del hombre, han sido objeto de reconocimiento por parte del derecho positivo, a través de su consagración en diferentes instrumentos jurídicos a lo largo de la historia; el planteamiento de la existencia de los derechos humanos nos conduce a profundos planos de reflexión en diversos ámbitos filosóficos, políticos y jurídicos.[32]

Hay que recordar que en el siglo XVII y con las ideas de la modernidad política, los derechos humanos encuentran su sustento en la idea de un derecho natural inherente al ser humano, esto es,

---

31 Lara Ponte, Rodolfo, *Los derechos humanos en el constitucionalismo mexicano*, 4a. ed., México, Porrúa/UNAM, 2007, p. 4.

32 *Idem.*

un iusnaturalismo racionalista. Esta visión es perfectamente apreciable en la declaración francesa de los derechos del hombre y del ciudadano en 1789, así como en las declaraciones de derechos que se realizaron durante la independencia de los Estados Unidos de América, en las entonces colonias en guerra frente a Inglaterra.

Cualquier reflexión sobre los fundamentos y principios de los derechos humanos está anclada precisamente a la idea de la naturaleza propia del hombre y de la dignidad que de ella deriva. La persona humana reviste ciertas características y valores, los cuales han de ser enmarcados y reconocidos por las normas jurídicas, con la idea de protegerlos y permitir su pleno desarrollo.[33]

Peces-Barba Martínez identifica con la expresión *derechos naturales* a unos derechos:

- Previos al poder y al derecho positivo;
- Que se descubren por la razón en la naturaleza humana;
- Que se imponen a todas las normas del derecho creado por el soberano siendo un límite a su acción.

Representan una concepción racionalista abstracta que prescinde de la historia y de la realidad social para la identificación de los derechos y no tiene un arraigo sólido en la cultura jurídica y política.[34]

Esta idea de que son previos al Estado implica un sustento para los derechos humanos en general, de ahí que desde el origen de la modernidad se han invocado constantemente como un fundamento frente al poder real del Estado.

Peces-Barba considera que el término derechos naturales tiene importancia en la historia de los derechos, pero su uso ha perdido sentido en la actualidad. Por otra parte, en el lenguaje utilizado habitualmente por los operadores jurídicos y por los ciudadanos su incidencia es progresivamente escasa. No parece que sea la ex-

---

[33] *Ibidem*, p. 5.

[34] Peces-Barba Martínez, Gregorio, *Lecciones de derechos fundamentales*, con la colaboración de Rafael Asís Roig y María del Carmen Barranco Avilés, Madrid, Dykinson, 2002 (Colección Derechos Humanos y Filosofía del Derecho), p. 22.

presión adecuada para abarcar hoy el fenómeno de los derechos fundamentales.[35]

No obstante, existen autores que consideran que la idea de un derecho natural puede ser actual para fundamentar los derechos humanos. A este respecto, Beuchot sostiene que los derechos humanos pueden fundamentarse filosóficamente en la idea de una naturaleza humana, pero no se trata de una idea de naturaleza como estructura estática, sino como estructura dinámica, que en parte se va realizando en lo concreto, en la temporalidad histórica y en la individualidad.[36]

Beuchot cree en la fundamentación metafísica de los derechos humanos: son derechos radicados en la naturaleza humana, por eso fueron preconizados como derechos naturales, como señalando que con arreglo a dicha naturaleza se puede encontrar el bien de los hombres y de acuerdo con ella se establece en un despliegue de derechos y deberes.[37] Es decir, no sólo se desprenden derechos y obligaciones de la naturaleza, sino también permiten dar cabida a una visión axiológica y teleológica, como lo es la dignidad misma del hombre.

Finalmente, coincidimos plenamente con Castro Cid, quien señala que, la incesante evolución de las ideas, las preocupaciones y los proyectos, influyeron en que el término "derechos naturales" terminara siendo víctima de un progresivo desuso, de suerte que en la actualidad no es utilizado ni siquiera por los pensadores que mantienen una clara concepción iusnaturalista de los derechos humanos. Es, a pesar de todo, una denominación que presenta una ventaja no desdeñable: proclamar explícitamente la independencia de la validez política y jurídica de los derechos humanos respecto de las decisiones de los gobernantes.[38]

Aun cuando se puedan hacer severas críticas a la visión iusnaturalista de los derechos humanos, es innegable su gran aportación

---

[35] *Idem.*

[36] BEUCHOT, Mauricio, *Derechos humanos. Historia y filosofía*, 5a. ed., México, Fontamara, 2011, p. 45.

[37] *Ibidem*, p. 59.

[38] DE CASTRO CID, Benito, *Introducción al estudio de los derechos humanos*, 1a. reimp., Madrid, Universitas, 2004, p. 98.

para dar una fundamentación filosófica y política a esta creación del pensamiento moderno. Al momento de identificar al individuo como un ser con derechos en sí mismo, permitió concebir a éste como un límite al poder absoluto del Estado. Los derechos humanos como instrumento de control, de límite a lo Estatal, es aún una gran idea, que, a pesar de las críticas, perdura en la literatura jurídica actual.

La limitación del poder público, la clase dirigente gobernante ante el derecho y la creación estatal de la norma jurídica constituyen el paradigma del Estado moderno, el Estado de Derecho, que se reflejará en todo el siglo XIX y principios del siglo XX con el Estado Liberal. El Estado de Derecho aunado a concepciones positivistas del derecho implican una gran aportación del pensamiento político jurídico decimonónico.

De igual forma, cabe resaltar la creación de las teorías jurídicas del Estado, especialmente las provenientes del pensamiento alemán, en las que lo político es abordado desde una visión conceptual, originalmente, con el objeto de identificar similitudes y diferencias de los diversos tipos de Estado, para así poder delimitar el objeto de estudio de la nueva disciplina.

El Estado aparece con un poder limitado y estructurado por el orden jurídico, de manera integral, dando en apariencia una plenitud total en el desarrollo político moderno, sin embargo, los eventos de la primera mitad del siglo XX cambiarán esta idea.

En el mundo político es evidente que las instituciones políticas modernas se ven sometidas a grandes críticas y son puestas a prueba constantemente. Dos fenómenos serán decisivos en la crisis del Estado, la Primera y Segunda guerras mundiales (1914-1918 y 1939-1945), donde la destrucción planificada y la tecnología moderna en manos de la guerra cambiarían el rostro del mundo.

Sabine señala que la teoría nacionalsocialista distinguía de las masas, que simplemente siguen y aportan el peso y la fuerza del movimiento, a la clase dirigente y gobernante o élite (la aristocracia natural), que aportan la inteligencia y la dirección. Como dependía de las masas, el nacional socialismo afirmaba ser "realmente democrático", pero no atribuía a las masas ningún criterio prejuicio que prestará valora sus opiniones políticas. Como la mayoría de los movimientos revolucionarios del siglo XX, el nacionalsocialismo fue dirigido por una élite autointegrada y autoproclamada; su teoría simplemente elevó esta forma de estrategia revolucionaria a la categoría de hecho biológico universal. El proceso de selección de la elite se realiza a través de la eterna lucha por el poder, característica de la naturaleza. La clase gobernante surge como la más alta desde el punto de vista racial o, mejor, sus miembros son producidos por "el oscuro vientre" del desarrollo como jefes naturales del *Volk*.[39]

El totalitarismo aparece en el mundo occidental como una exacerbación del pensamiento racional, fenómeno político moderno que se manifiesta ya sea como fascismo, nazismo o estalinismo.

El fascismo y el nacionalsocialismo constituyen acontecimientos modernos, ya que es en este tipo de Estados donde las instituciones políticas jurídicas modernas se convierten en justificadoras del poder total sobre todos los aspectos de la vida humana.

Las teorías nacionalistas de la raza y el *Lebensraum* no eran más que aplicaciones del vago sentido atribuido a la palabra "organismo", cuando se aplica a un grupo social, en este caso una nación. El resultado fue la concepción mística del *Volk*, que debía constituir el sostén biológico de las teorías nacionalistas de la sangre y la tierra. Todas estas teorías eran pseudocientíficas. Los conceptos del líder, la élite social y el *principio de jefatura*, eran considerados como los términos políticos correlativos de la teoría biológica de la raza.[40]

Es en el totalitarismo donde el ser humano es visto como un objeto, un medio del que se puede prescindir o incluso eliminar por ser dañino a la sociedad misma. En los campos de exterminio no sólo se termina con vidas humanas, sino que también se reduce al individuo como una cosa, un número en la estadística oficial, que puede morir en cualquier instante o vivir para ser testigo del terror.

Tanto el fascismo italiano como el nacionalsocialismo alemán fueron intrínsecamente esfuerzos por suprimir todas las diferencias de clase y de grupo dentro del único propósito del engrande-

---

[39] Sabine, George H., *Historia de la teoría política*, *op. cit.*, p. 645.
[40] *Ibidem*, p. 643.

cimiento imperialista. Los mitos que constituían una filosofía estaban destinados a lograr ese propósito, por eso el resultado práctico de ambos, por racionalizado que fuera, fue la organización interna totalitaria del Estado. La teoría nacionalsocialista del *Volk* racial constituía una filosofía más adecuada para un movimiento semejante que el seudohegelinismo de Mussolini, pero, en ambos casos, el resultado fue el mismo. El gobierno puede y debe controlar todo acto y todo interés de cada individuo o grupo, para utilizarlo en el incremento de la fuerza nacional; el gobierno no sólo es absoluto en su ejercicio sino ilimitado en su aplicación, nada está fuera de su jurisdicción. Todo interés y todo valor –económico, moral y cultural–, como parte de los recursos nacionales, debían ser controlados y utilizados por el gobierno.[41]

El totalitarismo trajo consigo la crisis del Estado como se entendía en el siglo XX, al respecto, dicha situación hace repensar profundamente las construcciones políticas y jurídicas existentes. La guerra total, el genocidio, las armas de destrucción masiva son características de este terrible suceso.

Como principio de organización política, el totalitarismo significaba por supuesto la dictadura. Pronto provocó la abolición del federalismo alemán y el autogobierno local, la destrucción virtual de las instituciones políticas liberales, tales como los parlamentos y el poder judicial independiente, y la reducción del sufragio al plano de los plebiscitos cuidadosamente manejados. La administración política no sólo se convirtió en totalitaria, sino que se hizo "monolítica", como gustan de llamarla los nacionalistas, en el sentido de que toda la organización social quedó reducida a un sistema y todas sus energías se dirigieron exclusivamente hacia los fines nacionales.[42]

El culto a la personalidad, el militarismo, el fin de la división de poderes, la violación de los derechos humanos y la guerra en su máxima expresión traen consigo una crisis del Estado liberal, del Estado de Derecho, ya que éste será incapaz de limitar el poder político en la realidad.

---

[41] *Ibidem*, p. 653.
[42] *Idem*.

Finalmente, Sabine resume con claridad la crisis del totalitarismo en la concepción del Estado que existía en ese momento, heredera del liberalismo del siglo XIX: el nacional socialismo destrozó completamente el ideal alemán de un *Rechtsstaat*, un sistema constitucional ordenado, el único principio constructivo en la idea alemana del "Estado" y la base de su fuerza militar.[43]

Los bombardeos atómicos sobre Japón constituyen el inicio de una nueva etapa en el pensamiento occidental, la postguerra y la guerra fría entre la Unión Soviética y los Estados Unidos de América, como momento histórico de constante búsqueda de nuevas formas de entender al mundo, a la sociedad y por su puesto al hombre mismo.

En el siglo XX encontramos el llamado Estado benefactor, que si bien tiene sus bases en el siglo XIX, será en los Estados Unidos de América donde a partir de la crisis de 1929 y el *New Deal* con las ideas de Keynes encontramos una participación activa del Estado como rector y principal actor económico. El Estado brindará los principales servicios como la educación, energía eléctrica, combustibles, además de invertir en infraestructura, misma que será decisiva en la recuperación norteamericana.

Marcos Kaplan señala que entre las guerras mundiales y hasta 1945, la intervención del Estado avanza hasta manifestarse como dirigismo, injerencia estatal más sistemática y destinada a orientar la economía y la sociedad en un sentido determinado. Es un conjunto de acciones gubernamentales que no son meras reacciones inmediatas ante dificultades particulares.[44]

A este respecto, Juan Ramón Capella identifica las principales funciones socioeconómicas del Estado benefactor:

a) Satisfacer las necesidades sanitarias de la población.

b) Establecer y garantizar un sistema público de seguros sociales y pensiones.

---

43 *Idem.*

44 KAPLAN, Marcos, *Ciencia, Estado y derecho en la tercera revolución*, México, UNAM, Instituto de Investigaciones Jurídicas, 2000 (Serie E Varios, 56), p. 144.

c) Mantener un aparato educativo que garantice la formación mínima indispensable de la fuerza de trabajo, y la reproducción del saber científico y tecnológico necesario para el sistema productivo.

d) Mantener instituciones de investigación básica o aplicada que atiendan las necesidades de adaptación tecnocientífica de los agentes económicos.[45]

El Estado benefactor será un factor importante para la reconstrucción de la Europa de la posguerra en los años cuarenta y cincuenta, y será un modelo que continuará hasta la década de los sesenta cuando empezará a dar signos de agotamiento.

Ante la crisis energética de los Estados Unidos de América de principios de los setenta, se hace necesario revisar hasta dónde el Estado puede llevar a cabo un gran gasto social que afecte notablemente las finanzas estatales, por lo que se empezarán a aplicar medidas tendientes a adelgazar al Estado con el objeto de mejorar la situación económica.

Desde la década de los setenta y ochenta se experimentaron los llamados efectos del neoliberalismo, que implicaron el adelgazamiento del Estado, ya que las actividades que podían encomendarse a los particulares se le otorgaban en aras de la eficiencia económica, por lo tanto, funciones que tradicionalmente pertenecían al Estado pasaron a manos de la empresa privada.

Los servicios médicos, la generación y distribución de energía eléctrica, las comunicaciones, así como la seguridad social pasaron a ser realizadas por los particulares, lo cual pareció a primera vista la salvación de las finanzas del Estado, sin embargo, generó otros problemas, debido a que el Estado perdió el control de determinadas áreas y por tal motivo una regulación estricta o la aparición de prácticas que violentan los derechos humanos.

La globalización empezará junto con las políticas neoliberales a implementarse y ampliarse en todo el mundo, como un referente único para tener un Estado sano y competitivo ante las nuevas

---

[45] CAPELLA, Juan Ramón, *Fruta prohibida. Una aproximación histórico-teorética al estudio del derecho y del Estado*, 3a. ed., Madrid, Trotta, 2001, p. 191.

condiciones políticas internacionales, especialmente después del fin de la Guerra Fría con la caída de la Unión Soviética a principios de la década de los noventa.

El derecho ha tenido grandes transformaciones en la era de la globalización y uno de los sectores donde se han visto con mayor claridad ha sido en el derecho laboral. El derecho del trabajo o laboral surgido de las luchas obreras de fines del siglo IX y principios del XX, con instituciones consideradas como derechos humanos de segundo nivel, han sufrido con los procesos antes mencionados cambios que merman sensiblemente los derechos sociales, contenidos en la Constitución y en los tratados internacionales en la materia.

Figuras como el trabajo por horas, la subcontratación, el aumento de tiempos para la jubilación del trabajador, el contrato de trabajo con objetivos de capacitación, o la falta de estabilidad en la relación laboral, son algunas de las repercusiones de las políticas neoliberales globalizadas que se han visto en el mundo y a las que nuestro país no es ajeno.

Por lo anterior, encontramos nuevas actividades económicas que han impactado en el Estado contemporáneo, primeramente, el llamado *fordismo*. El concepto del fordismo nace de la idea de la fábrica como el centro económico y productivo de la ciudad, es decir, la idea de los poderes públicos como centro de la vida estatal quedan en un segundo plano, ya que es la empresa el centro de la actividad de la ciudad.

Como ejemplo claro se señala la industria automovilística de Ford, en los Estados Unidos de América, en especial la ciudad de Detroit, centro de la principal planta industrial de dicha firma, la cual no sólo producirá carros en la época de la Segunda Guerra Mundial, fabricará material bélico para el propio ejército estadounidense, generando un impulso industrial nunca antes visto en la historia de la humanidad.

El postfordismo hace referencia a las también llamadas sociedades postindustriales, aquellas donde los procesos de industrialización capitalista se desarrollaron desde el siglo XIX y alcanzaron un auge durante la Segunda Guerra Mundial, por ejemplo, se pone el caso nuevamente de la ciudad de Detroit, la cual actualmente se encuentra en una crisis económica resultado de las nuevas formas de producción.

Asimismo, se refiere a las ciudades reconstruidas o que sobrevivieron después de la Segunda Guerra Mundial, y que habían pasado por procesos de industrialización, por ejemplo, las ciudades alemanas o el mismo Londres. El postfordismo ha generado que las sociedades ya no se centren en una sola gran industria, sino que se diversifiquen en una economía de servicios o incluso en sociedades enfocadas en la generación de nuevas tecnologías.

En la especialización flexible, se ha modificado la idea de que sólo una sociedad puede realizar una única actividad económica industrial. Actualmente, derivado de la especialización y del gran comercio internacional, la economía del país se encuentra orientada a varios sectores, tal es el caso de países que al mismo tiempo son productores de granos, automóviles, software, barcos, aviones y prestadores de servicios altamente especializados. Como muestra, la economía de los Estados Unidos, Alemania, Francia y Canadá. Pero lo más interesante es que en caso de necesidades, ya sea por guerra, política o competencia económica, se puede centrar la actividad industrial en un área.

La producción en serie, el taylorismo, viene desde inicios del siglo XX, sin embargo, el toyotismo surge en Japón cuando los robots sustituyen la actividad de los trabajadores en las grandes plantas industriales, realizando la mayor parte de la fabricación y armado de automóviles. Esto trajo consigo repercusiones en el derecho laboral debido al alcance de las maquinas al sustituir el trabajo de obreros especializados en una determinada área industrial.

Finalmente, tenemos la deslocalización del trabajo. Actualmente un producto trae consigo el trabajo y piezas que lo componen realizados en diversas partes del mundo; por ejemplo, la fabricación de una computadora personal tiene partes trabajadas o elaboradas en China, Vietnam, Singapur, Estados Unidos, Japón y es armada en su mayor parte en México, en otras palabras, el trabajo para la creación de productos está en diversos países. Lo mismo sucede con la prestación de servicios, tal es el caso de la India que es la base de muchas actividades de servicios en el continente europeo y americano.

Para Hugo Talancón, la globalización consiste en el desarrollo de redes de producción internacionales, en la producción de unidades productivas en distintos países, en la fragmentación y flexibilidad del proceso de producción, en la interpretación de los mercados, en lo instantáneo de los flujos financieros e informativos, en la estandarización de los negocios, en la modificación de los tipos de riqueza y de trabajo, etc., adonde las únicas "soberanas" son las empresas multinacionales.[46]

Lo anterior generará un poder supraestatal a partir de los grandes organismos internacionales y los grandes capitales que invierten en todos los países, lo cual trae consigo una visión diferente del poder a comparación de la soberanía estatal, fruto de la modernidad política.

De aquí que no se conciba al *global governance* y a los ordenamientos públicos globales como simples instrumentos de la globalización, sino como medios para tenerlo bajo control; estos son fenómenos diversos, en ocasiones contrapuestos, aunque a veces coincidan en la dirección de sustraer una parte del derecho a su habitual soberano, el Estado.[47]

En la llamada *gobernanza*, los Estados parecen indefensos, en ciertos casos como los países con economías débiles ante los embates de los organismos internacionales y de los grandes capitales que imponen políticas económicas a los Estados, convirtiéndose en la nueva reguladora y creadora del derecho.

En el *global governance* predomina la administración sobre la política y, por ello, no plantea problemas propios de los cuerpos políticos de los Estados, como los referentes a la ciudadanía, la representación y la democracia, sino más bien los correspondientes a los del *rule of law*, *expertise*, *accountability*, *speed*, *fairness*, *due process of law*, transparencia. Es ocioso pretender encontrar los caracteres de la democracia política en los ordenamientos globales o en sus partes.[48]

---

[46] Talancón Escobedo, Jaime Hugo, *Las crisis del Estado*, México, Porrúa, 2009, p. 315.

[47] *Idem.*

[48] *Idem.*

Juan Ramón Capella identifica dos aspectos de la desregulación:

a) En el plano del derecho de los Estados abiertos o de las asociaciones regionales de Estados abiertos, la desregulación tiene el significado general de un desplazamiento de la capacidad de normar hacia la esfera privada, de traslado del peso de las obligaciones hacia los sujetos más débiles y de liberación de cargas o deberes al empresario y en general de los capitales.

b) En el plano de la soberanía privada supraestatal difusa, el derecho toma la forma de una nueva *lex mercatoria* metaestatal, establecida y garantizada por los grandes sujetos económicos transnacionales, previamente negociada por grandes gabinetes jurídicos que actúan en numerosos países.[49]

Uno de los principales efectos es que, en virtud de la desregulación jurídica, los ámbitos anteriormente controlados por el derecho se rigen mediante la negociación entre las partes, lo cual afecta el alcance de la aplicación de lo jurídico de manera sustantiva.

Los campos antes regulados por las normatividades estatales o en general públicas se abren así a reglamentaciones pactadas entre sujetos privados o entidades corporativas, más o menos al margen de las instituciones públicas propiamente dichas. El derecho estatal que regulaba tradicionalmente el marco de las actividades privadas que establecía el orden público de la esfera privada actualmente sufre de la instantaneidad de ciertos intercambios y la generalización de lo que se ha llamado ingeniería financiera.[50]

Uno de los principales conceptos utilizados para entender las relaciones entre los Estados es el de *lex mercatoria*; si bien esta expresión ha sido utilizada desde hace siglos, esta "nueva" ley *mercatoria* hace referencia a un conjunto de normas acordadas explícita o implícitamente por los grandes agentes económicos, con independencia de los poderes públicos, para regular sus relaciones recíprocas, sus relaciones con los Estados abiertos y para determinar las políticas de estos. [51]

---

[49] CAPELLA, Juan Ramón, *Fruta prohibida*, *op. cit.*, p. 268.

[50] *Ibidem*, p. 270.

[51] *Ibidem*, p. 273.

La nueva *lex mercatoria* como campo jurídico transnacional emergente es un localismo globalizado, constituido por gruesas expectativas cognitivas y delgadas lealtades normativas reproducidas por la repetición rutinaria de un gran número de relaciones contractuales originalmente diseñadas por sociedades mercantiles transnacionales y por sus abogados.[52]

La globalización y el Estado neoliberal han traído consigo cambios importantes en la forma de entender el campo de lo jurídico, su alcance y la actividad del Estado, mermada principalmente por la desregulación. Las grandes empresas transnacionales juegan un papel fundamental en la formulación de normatividad, cuyo alcance puede ser muy amplio.

Con claridad Cornel West afirma:

> Esta glorificación del mercado ha traído como consecuencia una economía política insensible, dominada por las corporaciones, en donde los líderes de negocios (su riqueza y poder) deben ser adorados, aún a pesar de los escándalos recientes, y las corporaciones más poderosas son delegadas con poderes mágicos de salvación en lugar de ser relegadas al escrutinio democrático en tanto a la ética de su actividad comercial como al trato de los trabajadores. Este dogma poco examinado y no cuestionado, que apoya las políticas de republicanos y demócratas en Estados Unidos y la mayoría de los partidos políticos de otras partes del mundo, es una gran amenaza para la calidad de la vida democrática y el bienestar de la mayoría de las personas en el mundo. El mismo produce un nivel obsceno en la desigualdad de la riqueza junto con su corolario de hostilidad intensificada y odio hacia las clases sociales. También redefine los valores por los cuales deberíamos esforzarnos en la vida, presentando como atractiva la ganancia materialista, el placer narcisista, y la búsqueda de preocupaciones estrechas e individualistas, especialmente para los jóvenes aquí y en el extranjero.[53]

---

[52] De Sousa Santos, Boaventura, *La globalización del derecho. Los nuevos caminos de la regulación y la emancipación*, trad. de César Rodríguez, Bogotá, Universidad Nacional de Colombia (Instituto Latinoamericano de Servicios Legales Alternativos, ILSA), 1998, p. 107.

[53] West, Cornel, *Asuntos democráticos*, trad. de Iraida Vargas Arenas y Mario Sanoja Obediente, Venezuela, Fundación Editorial el Perro y la Rana, 2008, p. 14.

La nueva *lex mercatoria* consiste en ser un derecho extrajurisdiccional, es decir, una negociación continuada o permanente que opera del siguiente modo: la violación de una norma pactada no da lugar a procedimientos sancionadores sistemáticos contra la parte infractora, sino que se resuelve mediante negociaciones que redundan en el establecimiento de nuevos pactos, esto es en la renovación normativa.

La *lex mercatoria* es un derecho cambiante, efímero, permanentemente renovado: un juego jurídico innovador que se apoya en las lógicas contrapuestas de la expansión económica y del control de la innovación a que están sometido los principales jugadores, sitúa la negociación en un plano central del análisis jurídico doctrinal.[54]

Mediante la *lex mercatoria* se diseñan ambientes o marcos en los cuales los grandes capitales pueden actuar con sus propias reglas, ya que las principales decisiones se toman mediante acuerdo de carácter económico más allá del ámbito estatal. De esta forma tenemos impacto en virtud de los acuerdos en la normatividad técnica, innovación de producción, reparto de mercados, características de la regulación laboral, el derecho penal, las políticas ambientales, fiscales, etc.

La teoría neoliberal culpó de ineficiente al Estado de bienestar. La práctica neoliberal se ha basado en la privatización, la desregulación, la reducción de personal, tercerización y recortes de impuestos.[55]

El neoliberalismo trajo consigo un cambio en el Estado benefactor, dejando en muchos casos sociedades ampliamente desiguales, como nuestro país. No olvidemos la cantidad de movimientos sociales originados a lo largo de toda Latinoamérica por la implementación de dichas medidas neoliberales en mayor o en menor medida.

La teoría política y económica del neoliberalismo puede ser considerada el producto de la ideología económica conservadora

---

[54] Capella, Juan Ramón, *Fruta prohibida*, *op. cit.*, p. 27.

[55] Mattei, Ugo y Laura Nader, *Saqueo. Cuando el Estado de Derecho es ilegal*, Lima, Palestra Editores, 2013, p. 81.

hecha accesible a los no economistas por los epígonos de la escuela austriaca, como Friedrich von Hayek.[56]

Cornel West señala:

> En resumen, el peligroso dogma del fundamentalismo del libre mercado desvía la atención desde los colegios hasta las cárceles, desde las condiciones de los trabajadores hasta los márgenes de ganancias, desde los hospitales hasta las cirugías plásticas, desde las asociaciones cívicas hasta la pornografía en Internet, y desde las guarderías hasta los clubes de nudismo. El fundamentalismo del mercado premia las actividades de compra y venta, consumo y posesión, promoción y publicidad, y devalúa la comunidad, la caridad compasiva y el mejoramiento de la calidad general de vida.[57]

Sin embargo, actualmente en la segunda década del siglo XXI nos encontramos con una crisis del Estado neoliberal que viene desarrollándose desde el ataque a las torres gemelas en Nueva York en 2001, pasando por la crisis económica del 2008, la pandemia del virus SAR-Cov-2 de finales de año 2019 y por la identificación de tres grandes potencias mundiales en este nuevo siglo: los Estados Unidos de América, la República Popular de China y Rusia.

La globalización se encuentra en crisis, la visión económica neoliberal es cuestionada ampliamente en diversas latitudes, así como el fin del dólar americano como moneda "universal". Las nuevas rutas comerciales y centros de comercio han implicado una nueva regionalización, lo que ha permitido el florecimiento de nacionalismos a lo largo del mundo, en rechazo principalmente de políticos intervencionistas de corte neoliberal, los cuales poseen distintos matices dependiendo de la región del mundo.

Por otra parte, para poder abordar el Estado constitucional como otra propuesta que se ha generado en las últimas décadas, es bueno recordar algunas de las ideas de Hans Kelsen en torno al Estado y al Derecho como ejemplo de una concepción moderna. Kelsen (1881-1973) ha sido considerado uno de los juristas más importantes del siglo XX, su obra es conocida mundialmente debi-

---

56 *Ibidem*, p. 83.

57 West, Cornel, *Asuntos* democráticos, *op. cit.*, p. 15.

do a sus aportaciones al mundo de la ciencia jurídica. No obstante, existe otra faceta de Kelsen que son sus escritos en política, los cuales nos servirán para reflexionar sobre el Estado y el Derecho.

Para Kelsen existe un presupuesto fundamental para entender la democracia, la libertad es el principal fundamento de la democracia, de la libertad se desprende el principio de mayoría el cual implica la existencia de una minoría existente. Sin embargo, las decisiones tomadas por la mayoría no deben estar encausadas a destruir o aplastar a las minorías, por lo que son necesarios los llamados derechos políticos para asegurar esta protección a las minorías.

> El principio mayoritario solamente se observa en una democracia cuando se permite a todos los ciudadanos participar en la creación del orden jurídico, aun cuando el contenido de éste resulte determinado por la voluntad del mayor número. Excluir a una minoría de la creación del orden jurídico sería contrario al principio democrático y al principio mayoritario, aun cuando la exclusión fuese decidida por una mayoría.[58]

En un sistema democrático, la existencia de mayoría y minorías representadas en el parlamento debe implicar la búsqueda de acuerdos y consensos mediante una sana discusión en torno a los diferentes problemas existentes en la sociedad, para encontrar puntos de acuerdo. "En efecto, todo el procedimiento parlamentario con su técnica, con sus controversias dialécticas, discursos y réplicas, argumentos y refutaciones, tiende a la consecución de transacciones. En ello estriba el verdadero sentido del principio de la mayoría en la democracia genuina, y por esto es preferible darle el nombre de *principio de mayoría y minoría*". [59]

No olvidemos que Kelsen considera como ideales democráticos el sistema inglés y francés y en menor medida el de los Estados Unidos de América, los cuales son indudablemente ejemplos de democracias occidentales modernas.

---

[58] KELSEN, Hans, *Teoría general del derecho y del Estado*, trad. de Eduardo García Máynez, 5a. reimp. de la 2a. ed., México, UNAM, 1995, p. 341.

[59] KELSEN, Hans, *Esencia y valor de la democracia*, trad. de Rafael Luengo Tapia y Luis Legaz Lacambra, Barcelona, Colofón, 1992, p. 85.

En democracia, la discusión libre entre mayoría y minoría es esencial a la democracia, porque constituye la forma idónea para crear una atmósfera favorable a un compromiso entre mayoría y minoría, pues el compromiso se entiende como la solución de un conflicto por una norma que no coincide enteramente con los intereses de una de las partes, ni se opone enteramente a los de la otra.

En la medida en que en una democracia el contenido del orden jurídico no se encuentra exclusivamente determinado por el interés de la mayoría, sino que representa el resultado de un compromiso entre los dos grupos, la sujeción voluntaria de todos los individuos al orden jurídico resulta más fácil que en cualquier otra organización política. Precisamente en virtud de esta tendencia hacia el compromiso, es la democracia una aproximación al ideal de la autodeterminación completa.[60]

Por lo anterior se puede afirmar que para Kelsen el fundamento político de la norma jurídica lo constituye el acuerdo democrático entre mayoría y minoría, respetando siempre los derechos de la minoría. Este punto es resultado de las fuerzas presentadas en el parlamento democráticamente electo. La justificación del poder lo encontramos en el consenso democrático como fundamento político del derecho.

Después de realizar esta breve revisión sobre la teoría kelseniana respecto a las relaciones de Estado y Derecho que permiten recuperar las principales tesis del Estado moderno de la primera mitad del siglo XX, nos damos cuenta de que nos encontramos ante un escenario totalmente diferente al que vio Kelsen, ya que el Estado contemporáneo se encuentra en una crisis en sus principios, sin embargo, retomaremos algunas ideas.

Zagrebelsky resume la situación que posee actualmente la ley como producto estatal:

> La ley ya no es garantía absoluta y última de estabilidad, sino que ella misma se convierte en instrumento y causa de inestabilidad. El acceso al Estado de numerosas y heterogéneas fuerzas que reclaman protección mediante el derecho, exige continuamente nuevas reglas e intervenciones jurídicas que cada vez

---

[60] Kelsen, Hans, *Teoría general del derecho y del Estado*, *op. cit.*, p. 342.

> extienden más la presencia de la ley a sectores anteriormente abandonados a la regulación autónoma de los mecanismos sociales espontáneos, como el orden económico o dejados a la libre iniciativa individual.[61]

La concepción de un Estado constitucional que se viene gestando en las últimas décadas del siglo XX, constituye una visión respecto a la conformación y funcionamiento del Estado, donde el respeto a los derechos humanos y los derechos fundamentales constituye la piedra base en la concepción de esta propuesta ampliamente difundida, la cual no es exenta de críticas.

Häberle identifica claramente las principales líneas de lo que hoy entendemos como Estado constitucional:

> El Estado constitucional del cuño común europeo y atlántico se caracteriza por la dignidad humana como premisa antropológico cultural, por la soberanía popular y la división de poderes, por los derechos fundamentales y la tolerancia, por la pluralidad de los partidos y la independencia de los tribunales; hay buenas razones, entonces, para caracterizarlo elogiosamente como democracia pluralista o sociedad abierta. Su Constitución entendida como orden fundamental del Estado y de la sociedad posee una validez jurídica formal de naturaleza superior.[62]

Por otra parte, Josep Aguiló Regla identifica determinadas características cuando se habla de Estados constitucionales, y señala que se alude a sistemas jurídico-políticos que reúnen las siguientes características:

1. Son sistemas que cuentan con una Constitución rígida o formal, es decir, con una Constitución diferenciada de la forma legal ordinaria. Ello supone necesariamente que el régimen jurídico de las disposiciones constitucionales es diferente del de las disposiciones legales y superior a ellas.

---

[61] ZAGREBELSKY, Gustavo, *El derecho dúctil. Ley, derechos, justicia*, trad. de Marina Gascón, Madrid, Trotta, 2003, p. 38.

[62] HÄBERLE, Peter, *El Estado constitucional*, estudio introductorio de Diego Valadés, trad. de Héctor Fix–Fierro, México, UNAM, Instituto de Investigaciones Jurídicas, 2003 (Doctrina Jurídica, 47), p. 83.

2. Dicha Constitución responde a las pretensiones normativas del constitucionalismo político: la limitación del poder político y la garantía de los derechos, esto es, asume los vales y fines del constitucionalismo como ideología.

3. La Constitución formal que responde a los lineamientos normativos del constitucionalismo además tiene que ser practicada.[63]

Los derechos humanos constituyen una nueva cultura jurídica que conlleva una forma diferente de ver a las instituciones jurídicas, en nuestro caso debemos entenderlos no sólo como un aspecto legislativo, sino como un catalizador de esa nueva cultura, en un Estado constitucional, donde los derechos humanos son su cimiento, así como los mecanismos protectores de la constitucionalidad que garantizan su efectiva aplicación y respeto. La transformación del derecho en virtud de los derechos humanos es una realidad que impone al estudioso del derecho nuevos retos para su análisis.

En este sentido, Silva Meza y Silva García afirman que la Constitución va a tener el papel de controlar, limitar y regular el ejercicio del poder delegado a los representantes del pueblo. En este sentido, continúan los autores, la Constitución puede ser entendida como la norma suprema que configura y ordena los poderes del Estado por ella construidos; establece los límites del ejercicio del poder reconociendo el ámbito de libertades y derechos fundamentales; y que prevé los objetivos positivos y las prestaciones que el poder debe cumplir en beneficio de la comunidad. [64]

De esta forma, la trascendencia de reformular el papel de los actores en los poderes públicos con el fin de determinar su actuar apegado a derecho y las nuevas limitaciones y tareas que le imponen los derechos humanos contemporáneos.

Benito de Castro Cid identifica dos sentidos de la frase *derechos fundamentales*: 1) el correspondiente a su uso original de derecho reconocidos por las leyes fundamentales del respectivo ordenamiento jurídico y 2) el más evolucionado e impropio de derechos

---

[63] Aguiló Regla, Josep, *La Constitución del Estado constitucional*, Bogotá, Palestra Editores/Temis, 2004, pp. 50-53.

[64] Silva Meza, Juan y Fernando Silva García, *Derechos fundamentales*, México, Porrúa, 2009, p. 105.

básicos que tienen todos los individuos por exigencia de la propia dignidad personal que le es naturalmente inherente.[65]

El primer sentido que señala Benito de Castro es posiblemente el más utilizado en nuestros días al referirse a una llamada positivización de los derechos humanos por el orden jurídico. Por su parte, Peces-Barba considera que la expresión más adecuada para referirse a la materia es la de derechos fundamentales, ya que refieren al mismo tiempo a una pretensión moral justificada y a su recepción en el derecho positivo. La justificación de la pretensión moral en qué consisten los derechos se produce sobre rasgos importantes derivados de la idea de dignidad humana, necesarios para el desarrollo integral del ser humano. La recepción en el derecho positivo es la condición para que pueda realizar eficazmente su finalidad.[66]

Con una mayor claridad, Antonio E. Pérez Luño diferencia entre derechos naturales y derechos fundamentales, señalando que los primeros suelen ser entendidos como un conjunto de facultades e instituciones que, en cada momento histórico, concretan las exigencias de dignidad, libertad e igualdad humanas, las cuales deben ser reconocidas positivamente por los ordenamientos jurídicos a nivel nacional e internacional. Por otra parte, por derechos fundamentales, Pérez Luño entiende aquellos derechos humanos garantizados por el ordenamiento jurídico positivo, en la mayor parte de los casos en su normativa constitucional y que suelen gozar de una tutela reforzada.[67]

Finalmente, el autor antes citado señala que los derechos fundamentales tienen un sentido más preciso y estricto, ya que tan sólo describen el conjunto de derechos y libertades jurídica e institucionalmente reconocidos y garantizados por el derecho positivo. Se trata siempre, por tanto, de derechos delimitados espacial y temporalmente, cuya denominación responde a su carácter básico o fundamentador del sistema jurídico político del Estado de Derecho.[68]

---

[65] *Ibidem*, p. 100.

[66] PECES-BARBA MARTÍNEZ, Gregorio, *Lecciones de derechos fundamentales*, *op. cit.*, p. 29.

[67] PÉREZ LUÑO, Antonio Enrique, *Los derechos fundamentales*, 10a. ed., Madrid, Tecnos, 2011, p. 42.

[68] *Ibidem*, p. 43.

Este sentido es posiblemente uno de los aspectos cruciales, ya que estos derechos son el fundamento de las instituciones Estatales, orientando la función pública, por esta razón en esta concepción se distingue entre derechos humanos, derechos fundamentales y garantías.

Los derechos humanos en su formulación actual implican un gran reto para los estudiosos del Derecho y del Estado, no sólo en el aspecto teórico, sino en la parte práctica. En la parte teórica, se deben revisar temas de la teoría de la Constitución, como la supremacía constitucional, el poder Constituyente, pero especialmente el papel del juzgador, abandonando radicalmente la idea de que sólo es un mero aplicador de la ley, sino interpretarlo como un creador de derecho que juega un papel fundamental en la democracia, al determinar el alcance y proteger efectivamente a través de las herramientas legales a los derechos humanos. Como se señaló anteriormente, son una nueva cultura en la visión del derecho contemporáneo. Ferrajoli señala:

> Por "cultura jurídica" podemos entender la suma de diferentes conjuntos de saberes y enfoques: en primer lugar, el conjunto de teorías, filosofías y doctrinas jurídicas elaboradas por juristas y filósofos del derecho en una determinada fase histórica; en segundo lugar, el conjunto de ideologías, modelos de justicia y modos de pensar sobre el derecho propios de los operadores jurídicos profesionales, ya se trate de legisladores, jueces o de administradores; en tercer lugar, el sentido común relativo al derecho y a cada institución jurídica difundido y operativo en una determinada sociedad.[69]

Por su parte, el legislativo más allá de sus competencias establecidas en la Constitución ya sea legislador, local o federal, debe tener como referencia necesaria, en virtud del artículo 1o. de la Constitución Mexicana, la obligación de legislar protegiendo los derechos humanos, armonizando la legislación de conformidad con las disposiciones constitucionales.

---

[69] FERRAJOLI, Luigi, *Cultura jurídica y paradigma constitucional. La experiencia italiana del siglo* XX, trad. de Antonio de Cabo, Lima, Palestra Editores, 2010, p. 15.

La formación en una nueva cultura de los derechos humanos es de vital importancia en la transformación de las concepciones jurídicas estatales. Sánchez Ruíz precisa:

> La enseñanza de los derechos humanos ha de tomarse en serio y ha de ponerse en práctica de inmediato, sin ignorar dos connotaciones que necesariamente hemos de tener presentes. Tales son, en una parte la necesidad de plantear concienzudamente los contenidos y el método de la educación que lleve a la progresiva consolidación del respeto a los derechos humanos; otra, la convicción de que no es labor que se reciba con comodidad por sus destinatarios.[70]

Los derechos humanos en la sociedad de riesgo actual deben ser reinterpretados para así lograr adecuarlos a los nuevos retos que impone los tiempos actuales en los que vivimos; no desaprovechemos la oportunidad histórica en que estamos y esperemos que otros en el futuro nos reprochen el no haber realizado los cambios que estuvieron en nuestras manos. Finalmente citemos a Luigi Ferrajoli en torno a la idea del constitucionalismo y los derechos Humanos:

> La historia del constitucionalismo es la historia de esta progresiva ampliación de la esfera pública de los derechos y de las conexas funciones de garantía. Una historia no teórica, sino social y política, dado que ninguno de estos derechos jamás ha caído del cielo, sino que todos han sido conquistados por movimientos revolucionarios: las grandes revoluciones americana y francesa, después los movimientos decimonónicos por las constituciones, en fin, las luchas obreras, feministas, ecologistas y pacifistas del pasado siglo. Bien podemos decir que las distintas generaciones de derechos equivalen todas ellas a otras tantas generaciones de movimientos revolucionarios: de las primeras revoluciones contra el absolutismo real a las constituciones modernas, como la italiana y la alemana nacidas del repudio al fascismo y al nacionalsocialismo como pactos fundadores.[71]

---

[70] SÁNCHEZ FERRIZ, Remedios y Luis Jimena Quesada, *La enseñanza de los derechos humanos*, Barcelona, Ariel, 1995, p. 61.

[71] FERRAJOLI, Luigi, *Principia iuris. Teoría del derecho y de la democracia*, t. 1. Teoría del Derecho, trad. de Perfecto Andrés Ibáñez, Madrid, Trotta, 2011, pp. 776-777.

Por lo anterior, vuelvo al punto de la necesidad de replantear las relaciones de lo Estatal con lo jurídico en el llamado Estado neoliberal, caracterizado principalmente por la desregulación, es decir, la limitación del actuar del Estado en los diferentes campos propios de su actuar.

En este punto las condiciones actuales de crisis económicas que sufre el Estado neoliberal nos hacer replantear sus políticas y las consecuencias que ha tenido en los últimos cincuenta años. Los desafíos actuales del Estado en las sociedades postindustrializadas se centran en dificultades de tipo económicas, pero también en problemas de nacionalismos, terrorismo, una amplia inmigración, etc.

A pesar de los avances en nuestro país, México, es difícil hablar de un Estado constitucional pleno, especialmente por sus debilidades estructurales y los graves problemas económicos y sociales que ha traído la implementación de políticas neoliberales desde el año 1986, mismas que han generado una mayor desigualdad social, sólo por mencionar el principal efecto.

En las últimas décadas, el Estado Mexicano experimentó una serie de reformas constitucionales y legales tendientes a desmantelar el Estado benefactor e introduciendo políticas de corte neoliberal, en los diversos campos, como la energía, los bancos, la educación, telecomunicaciones, etc., los cuales han tenido repercusiones sociales muy importantes.

- El modelo neoliberal en México, para Jaime Cárdenas, ha significado, en síntesis, lo siguiente.
- Desmantelamiento de la empresa pública estatal.
- Desarticulación de las agrupaciones de los trabajadores creadas para resistir al poder del Estado y del Capital.
- Reducción de la fuerza de las agrupaciones corporativas (obreras y campesinas).
- Constitución de un nuevo sujeto globalizado para sustituir al sujeto nacionalista creado por la Revolución Mexicana.
- Fortalecimiento del individualismo para vincular toda subjetividad al consumo.

- Integración subordinada al capitalismo mundial, principalmente al de Estados Unidos.
- Pérdida de soberanía nacional.
- Incremento de la desigualdad y la pobreza.
- Desmantelamiento paulatino del otrora Estado del bienestar.
- Aparición de nuevas formas de corrupción.[72]

En el mismo sentido, Cárdenas Gracia sostiene:

> Las presiones internas a favor del modelo neoliberal globalizador provinieron de la tecnocracia nacional, que aliada con la tecnocracia transnacional (del Fondo Monetario Internacional, el Banco Mundial, de la OCDE, etcétera) y los intereses de las grandes empresas mundiales, han actuado como agentes en México a favor de la ideología neoliberal y de las recomendaciones y presiones foráneas. La tecnocracia mexicana seguramente está convencida de las bondades de las reformas estructurales pero la realidad le ha mostrado, una y otra vez, que esas modificaciones jurídicas han generado más desigualdad, disminución de los derechos sociales y atraso social. Los tecnócratas mexicanos han ido desplazando el antiguo nacionalismo, lo han sustituido por promesas de eficiencia y estabilidad económica que no han redundado en beneficio de la población.[73]

Este punto es muy importante para comprender el actual Estado Mexicano y los cambios políticos de los últimos años que se han dado. Considero que tenemos un doble reto, no sólo consolidar el Estado de Derecho y sus instituciones democráticas, sino también en el plano económico, ya que una buena democracia no necesariamente trae consigo beneficios económicos, lo que repercute en la calidad de vida de los gobernados.

De igual forma hay que resaltar que en los últimos años los cambios económicos globales están generando un nuevo panorama internacional, que repercutirá indudablemente en nuestro país

---

[72] Cárdenas Gracia, Jaime, *El modelo jurídico del neoliberalismo*, México, UNAM, Instituto de Investigaciones Jurídicas/Flores Editores, 2016 (Doctrina Jurídica, 729), pp. 26-27.

[73] *Ibidem*, p. 28.

y por lo tanto debemos estar atentos a los ajustes estructurales que se lleven a cabo.

Ante este panorama, el derecho ha pasado prácticamente a un segundo plano como principal regulador y limitador del Estado, debido a que es gracias a la importancia que actualmente tiene la economía por lo que el derecho se modifica o se transforma, para responder ante los nuevos retos económicos. No necesariamente el derecho es la guía que marca la pauta de la transformación estatal como se pensaba en el siglo XIX y XX.

Es necesario repensar el Estado contemporáneo, para salir de su crisis y enfrentar los nuevos retos que se están gestando. El Estado no debe estar aislado de la sociedad, sino debe ser fruto de la misma, que se convierta en un instrumento de transformación, no un obstáculo, por ende, debe encauzar las peticiones populares.

De igual forma, la necesidad de nuevas reformulaciones en torno a las relaciones entre el Estado y el Derecho, ya que como se señaló, afecta directamente puntos centrales de la teoría del derecho y la teoría del Estado del siglo XIX y la primera parte del XX. Necesitamos entender cómo los acontecimientos políticos y económicos recientes han cambiado las concepciones estatales y su impacto en nuestras vidas de una u otra forma.

El Estado y su estudio se encuentran en constante cambio para generar las categorías necesarias que permitan un análisis profundo del momento, de ahí la importancia de buscar nuevos fundamentos teóricos y filosóficos.

Estamos frente a un panorama que plantea nuevas perspectivas para el Estado y su Derecho, lo que traerá la transformación de ambos (como lo conocemos), en un corto y mediano plazo, debemos estar abiertos y receptivos ante esta circunstancia.

## *Conclusiones*

A pesar de que en los siglos XVII y XVIII existían fuerzas sociales que contrariaban el aparato del poder, la burguesía se favoreció por diversos aspectos de la modernidad como lo es: el individualismo, el naturalismo, el antropocentrismo y la secularización, lo que permitió la apertura del pensamiento liberal y los valores de libertad, igualdad natural, necesidad de consentimiento, el pacto social y la legitimación del poder y el Estado.

El Estado moderno bajo la transformación del Estado de Derecho, al recibir la doctrina para matizar los efectos del Estado absolutista prusiano y contrarrestar que el abuso del poder del Estado imponga materias del Estadio que solamente debieran estar restringidas a la comunidad.

La relación entre el Estado y sociedad a partir de las ideas de Bobbio, Dahl o Diamond se engloba en diversos grupos de interés y complejidad, la cual tendrán una paz interior del grupo, así como el exterior que permite incidir en otros grupos sociales.

La teoría del Estado junto con la del derecho deben estudiarse a la luz de la filosofía política y filosofía del derecho, ya que permite identificar la importancia de la relación entre la sociedad civil y el individuo, asimismo, el bienestar y progreso de un grupo social bien delimitado y demarcado.

Aristóteles hace una condicionada defensa de la democracia al señalar que muchas personas pueden ser mejor que una sola persona; lo anterior, siempre que la multitud mantenga determinadas características y no participe en diversas actividades como lo es la planeación, dirección, mando y control. Se debe reflexionar sobre si esta idea puede seguir vigente.

El sistema representativo fue diseñado a partir de ideas y presupuestos elitistas, admitidos por la visión de que las mayorías no tenían una preparación idónea y corrían el riesgo de dirigirse por las pasiones, lo que pudiera originar en divisiones y violaciones a derechos de otras personas y/o colectividades. La transformación del sistema representativo es una asignatura pendiente y urgente.

La democracia deberá ser la válvula de salida para poder encontrar una solución contra el individualismo desbordado, permitiendo la participación representativa de la sociedad a través de las distintas formas de partición (directa, indirecta, intermedia, etc.). Además, el concepto de democracia debe adaptarse a las sociedades complejas en que se vive actualmente.

La falta de un pluralismo democrático, de mecanismos de participación ciudadana directos y de confianza a las organizaciones destruyen la relación entre el ciudadano y el Estado, además de incrementar la brecha de desigualdad en materia económica, educativa y cultural.

Kant constituye uno de los exponentes del racionalismo idealista dentro de la filosofía occidental, ya que permitió dentro de sus estudios de la razón humana, identificar las fortalezas y límites del pensamiento, separando la naturaleza de la sociedad, a fin de fundamentar la idea de que la libertad no sólo debe ser conceptualizada desde un aspecto natural.

Los derechos humanos encuentran sustento en la idea de un derecho natural, al ser inherentes al ser humano, el cual se plasmó en la Declaración de los Derechos del Hombre y el Ciudadano en 1789 y en la declaración de derechos que se realizaron durante la independencia de los Estados Unidos de América.

Las dos guerras mundiales (1914-1919 y 1939-1945) permitieron cambiar la forma en que se conceptualizaba el Estado, abriendo paso a un nuevo pensamiento racionalista y a una nueva conceptualización de la organización humana.

El Estado Mexicano tiene un doble reto, el primero es la consolidación del Estado de Derecho en sus instituciones democráticas y económicas; el segundo en la relación del ciudadano y gobierno, a fin de instrumentar actuaciones que se reflejen en la legitimidad que tienen en la toma de decisiones que redunden en el interés público.

FUENTES REFERENCIADAS

## *Bibliografía*


AGUILÓ REGLA, Josep, *La Constitución del Estado constitucional*, Bogotá, Palestra Editores/Temis, 2004.

AGUDELO RAMÍREZ, Martín, *El problema de la fundamentación filosófica de los derechos humanos*, Bogotá, Temis, 2011.

BEUCHOT, Mauricio, *Derechos humanos. Historia y filosofía*, 5a. ed., México, Fontamara, 2011.

CAPELLA, Juan Ramón, *Fruta prohibida. Una aproximación histórico-teorética al estudio del derecho y del Estado*, 3a. ed., Madrid, Trotta, 2001.

CARBONELL, Miguel, *Una historia de los derechos fundamentales*, México, Porrúa, 2014.

CÁRDENAS GRACIA, Jaime, *El modelo jurídico del neoliberalismo*, México, UNAM, Instituto de Investigaciones Jurídicas/Flores Editores, 2016 (Doctrina Jurídica, 729).

CRUZ GAYOSSO, Moisés *et al.*, *Teoría general del Estado*, México, IURE Editores, 2006 (Textos Jurídicos).

DE CASTRO CID, Benito, *Introducción al estudio de los derechos humanos*, 1a. reimp., Madrid, Universitas, 2004.

DE SOUSA SANTOS, Boaventura, *La globalización del derecho. Los nuevos caminos de la regulación y la emancipación*, trad. de César Rodríguez, Bogotá, Universidad Nacional de Colombia (Instituto Latinoamericano de Servicios Legales Alternativos, ILSA), 1998.

FASSÒ, Guido, *Historia de la filosofía del derecho*, t. 2. La Edad Moderna, trad. de José F. Lorca Navarrete, 3a. ed., Madrid, Ediciones Pirámide, 1982.

FERNÁNDEZ, Eusebio, *Teoría de la justicia y derechos humanos*, México, Editorial Debate, 1991.

FERRAJOLI, Luigi, *Cultura jurídica y paradigma constitucional. La experiencia italiana del siglo XX*, trad. de Antonio de Cabo, Lima, Palestra Editores, 2010.

_______, *Principia iuris. Teoría del derecho y de la democracia*, t. 1. Teoría del Derecho, trad. de Perfecto Andrés Ibáñez, Madrid, Trotta, 2011.

GARCÍA MÁYNEZ, Eduardo, *Introducción al estudio del derecho*, México, Porrúa, 2011.

GUERRERO, Ana Luisa, *Filosofía política y derechos humanos*, México, UNAM, Centro de Investigaciones sobre América Latina y el Caribe, 2002 (Programa Universitario del Libro de Texto).

HÄBERLE, Peter, *El Estado constitucional*, estudio introductorio de Diego Valadés, trad. de Héctor Fix–Fierro, México, UNAM, Instituto de Investigaciones Jurídicas, 2003 (Doctrina Jurídica, 47).

HELLER, Hermann, *Teoría del Estado*, ed. y prólogo de Gerhart Niemeyer, versión española de Luis Tobío, México, Fondo de Cultura Económica, 1992 (Política y Derecho).

KANT, Immanuel, *Principios metafísicos de la doctrina del derecho* (trad. de G. Lizárraga - Abogado del Ilustre Colegio de esta Corte, Madrid, Librería de Victoriano Suárez, 1873), edición facsimilar, México, UNAM, Instituto de Investigaciones Jurídicas, 2019 (Biblioteca Jurídica Virtual).

_______, "¿Qué es la Ilustración?", *en Filosofía de la historia*, trad. de Eugenio Ímaz, México, Fondo de Cultura Económica, 2013 (Colección Popular).

KAPLAN, Marcos, *Ciencia, Estado y derecho en la tercera revolución*, México, UNAM, Instituto de Investigaciones Jurídicas, 2000 (Serie E Varios, 56).

KELSEN, Hans, *Esencia y valor de la democracia*, trad. de Rafael Luengo Tapia y Luis Legaz Lacambra, Barcelona, Colofón, 1992.

_______, *Teoría general del derecho y del Estado*, trad. de Eduardo García Máynez, 5a. reimp. de la 2a. ed., México, UNAM, 1995.

LARA PONTE, Rodolfo, *Los derechos humanos en el constitucionalismo mexicano*, 4a. ed., México, Porrúa/UNAM, 2007.

MATTEI, Ugo y Laura Nader, *Saqueo. Cuando el Estado de Derecho es ilegal*, Lima, Palestra Editores, 2013.

PECES-BARBA MARTÍNEZ, Gregorio, *Lecciones de derechos fundamentales*, con la colaboración de Rafael Asís Roig y María del Carmen Barranco Avilés, Madrid, Dykinson, 2002 (Colección Derechos Humanos y Filosofía del Derecho).

PÉREZ LUÑO, Antonio Enrique, *Los derechos fundamentales*, 10a. ed., Madrid, Tecnos, 2011.

PLAZAS VEGA, Mauricio A., *Kant: El Newton de la moral y del derecho*, Bogotá, Temis, 2004.

SABINE, George H., *Historia de la teoría política*, 2a. ed., trad. de Vicente Herrero, rev. de Thomas Landon Thorson, México, Fondo de Cultura Económica, 1992 (Política y Derecho).

SÁNCHEZ FERRIZ, Remedios y Luis Jimena Quesada, *La enseñanza de los derechos humanos*, Barcelona, Ariel, 1995.

SILVA MEZA, Juan y Fernando Silva García, *Derechos fundamentales*, México, Porrúa, 2009.

SMITH, Juan Carlos, *El desarrollo de las concepciones iusfilosóficas*, 2a. ed., Buenos Aires, Abeledo-Perrot, 1980.

TALANCÓN ESCOBEDO, Jaime Hugo, *Las crisis del Estado*, México, Porrúa, 2009.

TAMAYO Y SALMORÁN, Rolando, *Elementos para una teoría general del derecho*, México, Themis, 1992.

VERDROSS, Alfred, *La filosofía del derecho del mundo occidental. Visión panorámica de sus fundamentos y sus principales problemas*, trad. de Mario de la Cueva, México, UNAM, 1983.

WEST, Cornel, *Asuntos democráticos*, trad. de Iraida Vargas Arenas y Mario Sanoja Obediente, Venezuela, Fundación Editorial el Perro y la Rana, 2008.

ZAGREBELSKY, Gustavo, *El derecho dúctil. Ley, derechos, justicia*, trad. de Marina Gascón, Madrid, Trotta, 2003.